〈서애〉

'인간' 류성룡 이야기

아니 되옵니다 정승

유창하 柳昌夏
_____

서울신문 수습기자를 시작으로 25년간 현장을 뛴 언론인이자 언론학박사.
단기 연수로 간 인도 델리대학원에서 인도철학에 잠시 빠져보기도.
펴낸 책으로는《현대신문제작론》,《여론조사》등 언론 관련 외에《핵(核) 터
놓고 얘기합시다》,《반대공화국 대한민국》(전자책) 등 사회문제를 다룬 것 등
예닐곱 권이 있다.
서애 류성룡의 찰방공파(察訪公派) 후손이기도.

〈서애〉
'인간' 류성룡 이야기
_____

초판 제1쇄 인쇄 2021. 9. 13.
초판 제1쇄 발행 2021. 9. 23.

지은이 유창하
펴낸이 김경희
펴낸곳 (주)지식산업사
본사 ● 10881, 경기도 파주시 광인사길 53
전화 (031)955-4226~7 팩스 (031)955-4228
서울사무소 ● 03044, 서울특별시 종로구 자하문로6길 18-7
전화 (02)734-1978 팩스 (02)720-7900
한글문패 지식산업사
영문문패 www.jisik.co.kr
전자우편 jsp@jisik.co.kr
등록번호 1-363
등록날짜 1969. 5. 8.

책값은 뒤표지에 있습니다.

ⓒ 유창하, 2021
ISBN 978-89-423-9097-7 (03990)
이 책을 읽고 저자에게 문의하고자 하는 이는
지식산업사 전자우편으로 연락바랍니다.

역사 속에 살아 있는 인간 탐구

〈서애〉
'인간' 류성룡 이야기

아니 되옵니다 정승

유창하

지식산업사

"이미 10년 전에 파직 당해 천 리나 떨어진 시골에서 옛날의 한 영의정이 세상을 떠났다. 해서 서울의 모든 상가가 스스로 나흘간 점포를 접었고 많은 이들이 그가 살던 옛날 집을 찾아 상喪을 차리고 호곡했다."

　선조실록에 나와 있는 '서애 류성룡의 죽음'에 관한 기록이다. 조정에서는 3일장葬을 선포했는데 백성들은 오히려 하루를 더 늘려 '백성 4일장'을 치렀다.

　"왜?" "어떤 위인이었기에....."

　이 글을 쓰게 된 계기는 바로 이 '왜?'라는 물음에서 나왔다. 그래서, 450여 년 전 임진왜란을 온몸으로 버텨낸 훌륭한 지도자이자 《징비록》의 저자이기 이전에 그러한 위인이 되게 한 바탕 – '한 인간으로서 류성룡의 본질과 내면의 인간성'을 오늘의 눈으로 깊게 살펴보고자 한 것이다.

　정치인으로서 그의 리더십에 관한 연구서는 그동안 많이 출간되었으나 류성룡을 그린 휴먼스토리가 부족해 아쉬움이 있었기 때문이다. 그렇다면 그의 인간적 진면목眞面目, 사람의 됨됨이는 과연 어떠했을까?

이를 들여다보기 위해 이 책은 크게 두 가지 측면, 외적 공적인 기록과 내적 개인적인 면으로 나누어 I, II 편 20개 항목으로 접근했다.

임진왜란 직후, 명나라 망명을 재촉하는 선조의 어가를 가로막으며 '아니 되옵니다, 전하. 이 땅을 한 발자국만 떠나면 이 나라는 이미 조선이 아닙니다.'라는 목숨을 건 배포와 충성심.(義州播遷)

자갈밭 한 뙈기조차 없는 처지에 선조로부터 받은 호피 한 장을 경치 좋은 단양 팔경의 한 쓰러져 가는 정자와 바꾼 휴머니스트이자 '로맨틱 가이'.

그런가 하면, 새벽녘 아내의 막걸리 거르는 소리가 '세상에서 가장 아름답다'는 애주가요 애처가에, 자식들에게는 '기승전—공부'를 강조하는 보통의 아버지였다.

이러한 20개 항목을 모두 읽고 나면 서애 류성룡의 모습이 나름대로 그려지지 않을까 여겨진다. '아 그렇구나' '그래서 그랬구나' 하고 말이다.

이 책은 특히 젊은이들도 재미있게 읽으면서 이해하기 쉽도록 가능하면 쉬운 글로, 관련 사진을 곁들였다. 항목별로 끝에는 키워드나 중요이슈에 대한 간단한 해설을 달았다.

서애가家 세보世譜를 포함한 방대한 자료와 역사적 기록, 관련 연구서와 한학자 등을 만나 자문을 받는 등 3년여에 걸친 시간이 들어갔다. 모든 독자가 더 가까이서 서애 류성룡과 당시 아프고 슬펐던 조선의 역사를 느끼고 이해하는 데 보탬이 되었으면 하는 바람이다. 임진왜란은 대한민국 5천 년 역사상 손에 꼽을만큼 아픈 기억이며 그로 인한 상처는 지금까지도 현재진행형인지 모른다.

세상이 어려울 때면 위인이 그리워진다. 요즘 각 언론에서 '서애', '징비록', '류성룡' 등에 대한 글이 자주 회자 되는 걸 보면 지금이 그때가 아닌가 싶다.

'진정, 이 시대의 류성룡은 어디 있는가?'

이 책이 나오기까지 많은 이들로부터 도움을 받았다. 귀한 자료와 조언을 주신 류한욱 하회마을보존회 이사장, 류을하 서애선생기념사업회 사무국장, 오류를 잡아주고 자문에 응해주신 풍산류씨대종회 류동주·류영하 님, 일본 징비록 관련 자료를 모아 주신 류한익님, 서애 한시를 번역하고 여러 가지 해설을 해 주신 한학자 류명희 교수님, 그리고 천금 같은 사진을 기꺼이 제공해 주신 류신우·황헌만 사진작가님에게 감사드린다. 이 밖에도 일일이 열거하지 못했지만 도움 주신 많은 분께 감사드린다.

아울러 원고를 깐깐하게 챙겨주신 지식산업사 편집팀장과 '역사 속에 살아 있는 인간탐구 시리즈'로 이 책을 펴낸 김경희 사장님께 깊은 고마움을 표하고 싶다.

2021. 8. 늦여름에
유창하

책을 펴내며

1부 '아니 되옵니다' 정승

2부 인간 류성룡 이야기

1부
'아니 되옵니다' 정승

1. 백성 4일장葬

서애 류성룡은 선조 40년(1607년) 음력 5월 6일 세상을 떠났다. 그가 말년에 거처하던 초가삼간 농환재弄丸齋에서다. 농환재는 그의 고향 하회마을에서 좀 떨어진 학가산 기슭 서미동西美洞에 마련한 오두막 같은 초가집이다.

"사람이 사리사욕에 빠져 염치를 잃어버리게 되는 까닭은 모두 다 스스로 만족함을 알지 못하는 데서 나온다. 이 집이 비록 협소하지만 그래도 비바람을 가리고 추위와 더위를 넘기며 이곳에서 지낼 수 있으니 더 이상 무엇을 바라겠느냐. 무릇 사람이 자기가 처한 곳에서 걱정이나 두려워하는 마음이 없다면 어느 곳인들 살지 못하겠느냐."

서애는 이 초가삼간에서 보낸 말년의 유유자적한 생활에 만족했다. 그는 숨지기 전날, 자신의 생이 다 했음을 느껴 의관을 정제하고 임금이 있는 북쪽을 향해 사배四拜한 뒤 자리에 누웠다. 이튿날 아침 진시辰時(오전 8시 안팎), 조용히 눈을 감았다. 우리 나이로 향년 66세였다. 중종 37년인 1542년 시월 초하루(음력)에 태어났으니 만으로 치면 64년 7개월 5일이다.

부음이 알려지자 일반백성은 말할 것 없고 종로의 저잣거리 상인들조차 가게를 접고 앞다퉈 그가 어릴 때 살았던 묵사동墨寺洞(지금의 중구 묵정동 서애로 일대)에 모여 통곡했다고 《선조실록》은 적고 있다. 이들뿐 아니라 사대부와 유생들, 하급 관리들도 모여 그를 기렸다. 나흘 동안 무려 1천 명이 넘는 사람들이 그의 죽음에 목 놓아 울었다.(현재 이곳에는 옛날 그의 집터임을 알리는 표지석이 세워져 있다.)

조정에서는 그가 별세하자 공식적으로 사흘간 모든 정사를 정지하고 조의를 표하도록 했는데 이들은 스스로 하루 더 연장해서 나흘간 조곡弔哭한 것이다. 요즘으로 치면 정부가 사흘 국민장을 선포했는데 백성들은 여기에 하루를 더해 나흘간 일상생활을 접고 '백성 4일장'을 치른 것이다.

당시 서울의 인구를 학자들은 적게는 10만 많게는 20만
으로 추산한다. 그 1,000명이 문상을 했다면 100명 가운데,
적어도 200명 가운데 한 명꼴로 조문을 했다는 계산이다.
1,000만 지금 서울 인구로 따지면 5만-10만 명이라는 숫자
가 나온다.

당시 지하철도 버스도 없는 시절, 짚신 신고 진고개를 넘어
그곳까지 걸어오자면 하루를 다 보내야 하는 먼 길이다. 류
성룡은 한성판윤(서울시장)을 역임한 것도 아니다. 당시 한양
(이하 '서울'로 표기)에 거주한 것도 아니다. 영의정을 파직당

류성룡 집터

서애가 살던 서울 묵사동(현 묵정동) 집터 표지석.

해 낙향한 지 벌써 10년째다. 대체적으로 당시 한성漢城은 한성부府가 있는 사대문 안을, 한양漢陽은 한강 이북을 포함한 보다 넓은 지역을 일컬었다. 그리고 한성은 수도首都이므로, 지도와 공문서에는 경성京城으로 표기되어 있기도 하다. 또한 징비록에도 경성, 경인京人(서울 사람)으로 기록되어 있다.

천 리 밖 머나먼 시골에서 타계했음에도 백성들은 그에 대한 존경과 사랑을 그렇게 나타낸 것이다. 그들은 그곳에 차일을 치고 제물을 차린 뒤, '고 풍산 류공 영의정 신위 故 豐山 柳公領議政 神位'라는 지방紙榜(종이 신주)을 붙여놓고 제祭를 올렸다.

'임금이 영상대감의 10분의 1만 따라줬어도 ……..'
'민초의 고통을 진심으로 이해한 재상.'
'백성의 아픔에 함께 울고 다독여주고 보살펴 준 어른.'
'백정도 사람임을 인정해 준 유일한 양반이신 ……..'
'우리들이 이 어진 정승을 잃은 것은 어린아이가 어머니를 잃은 것과 같다.'
'선생이 없었다면 우리가 지금 어떻게 살아남았겠는가?'

백성들은 하나같이 그의 인품과 인간적 사랑에 눈물을 흘린 것이다. 그는 언제나 약자 편, 백성 옆에 섰다. 왜란 중, 황해도에서 구운 소금을 전라도에서 쌀로 바꾸어 도성에 공급하지 않았다면 서울에서 굶어 죽었을 사람이 얼마인지 알 수 없었다. 작미법作米法(일종의 대동법)을 만들어 가난한 백성의 세금을 줄여주지 못했다면 또 얼마나 많은 사람이 풀잎처럼 사라졌을지 모른다.

조문한 백성들은 그의 유족이 가난하여 상을 치를 돈이 없을 것임을 알고 성의껏 베를 모아 부의를 내어놓기도 했다. 그와 가까이 지내던 주위에서는 '본댁이 평소 청빈本宅素淸貧'하여 상喪을 치를 형편이 못 되니 부의賻儀를 조금씩 갹출하자는 내용을 담은 부고訃告를 만들어 돌리기도 했다. 거기에는 경기감사京畿監司 댁 등 37인의 이름이 들어있다.

또 마을에서도 포布(베)를 모아 부의로 내놓았다. 대제학을 역임한 서애의 제자 정경세鄭經世는 류성룡의 셋째 아들 류진柳袗에게 시 한 편을 써 보냈다.

선생의 유산은 먹과 농막뿐이니,	河上傳家只墨庄
자손들 나물밥 채우기도 어려워라.	兒孫蔬糲不充賜
어쩌다, 십 년을 장상 자리에 있으면서,	如何將相三千日
성도의 뽕나무 팔백 주도 없었던가.	拼欠成都八百桑

'뽕나무 팔백 주도 없다'는 말은 제갈공명이 한 말에서 따

온 것이다. 옛날 유비의 뒤를 이은 2대 촉 황제 유선이 죽음을 앞둔 공명에게 가족의 생활을 걱정하자 '집에는 뽕나무 8백 주와 척박하나 15경의 땅이 있어 의식이 넉넉하옵니다.'라며 대답했다. 말하자면 서애 후손은 최소한의 호구지책도 없을 정도로 가난했다는 이야기이다.

그럼에도, 반대파에서는 그가 '도처에 숨겨둔 논밭이 미오郿塢보다 더하다'며 음해했다. 미오란 중국 후한 시대 동탁이 성을 쌓고 그 안에 금은보화를 저장하던 곳을 말한다. 한마디로 그가 엄청 많은 재산을 숨겨두었다며 모함한 것이다.

류성룡은 숨지기 얼마 전 자식들에게 유계遺誡(유언을 통한 훈계)를 통해서도 조촐한 장례를 치를 것을 당부했다.

> "나는 세상에 공덕이 없으니 죽으면 마땅히 검소하게 장사 지내라. 남에게 청해서 비명碑銘(비석에 새기는 글)도 짓지 말고 만장挽章도 내가 만들어 둔 것만 쓰도록 해라. ………..효성과 화목은 곧 가업을 지켜나가는 도리이고 상례와 제례는 오직 정성과 공경에 있으니 풍성하게 장만하지 말라."

덧붙여 신도비神道碑(묘역을 알리는 길가 비석)도 세우지 말 것을 당부했다.

한편, 30여 년 애증愛憎으로 얼룩졌던 임금 선조도 그가 숨지자 예조禮曹를 통해 제문祭文과 제물祭物을 하사했다. 이를 치제致祭라고 하는데 선조는 이 치제문에서 '생각건대 경의 영혼靈魂은 자질이 단정하고 천품이 수미하였으나…'로 시작해서 '이제 다시 경을 볼 수 없으니, 아아 그만이도다. 이에 간소한 제수를 올리나니 영혼이 있거든 여기에 강림하실지어다.'로 끝맺고 있다. 사구절四句節 110줄 440자에 이르는 긴 애도문이다.

당시 세자였던 광해군도 선조와 함께 제문을 전했다. 사구절 80줄 320자의 긴 글로서 '…… 대신 술 한 잔 올리오니 영혼은 강림하시어 나의 진심을 헤아릴지어다.'를 마지막 구절에 담아 서애에 대한 그리움과 애틋함을 나타냈다.

관찰사(지금의 도지사), 4개 부처 판서(장관), 좌·우의정을 거쳐 영의정(총리)에 이르기까지 10년 넘게 재상을 지낸 그가 이처럼 가난했다는 걸 사람들은 이해하기 힘들었다.

그러나 그의 삶은 정말 그랬다. 관리 시절도 그랬지만 파직당한 뒤 고향에서의 생활은 더욱 궁핍할 수밖에 없었다. 저축해둔 것도 들어올 돈도 없었기 때문이다. 낙향한 뒤 그가 생활에 어려움을 겪고 있다는 것을 전해들은 선조가 봉조하奉朝賀의 직을 주어 녹봉祿俸을 보내려 했으나 류성룡은 이를 거절하고 받지 않았다. 봉조하란 국가에 공이 많은 고급 퇴직 관료에게 주는 일종의 명예직으로 녹봉만 받고 일은 하지 않는 것이다. 녹봉은 일명 식록食祿으로 연간 또는 반기별로 쌀, 보리, 콩, 베 등을 지급하는 것을 이른다. 거절 이유는 '일을 하지 않고 녹봉을 받는다는 건 나라를 위해서나 백성을 생각해서나 말이 되지 않는다.'는 거다. 또한 '국가에 공헌은 커녕 임진왜란을 제대로 처리하지 못한 죄가 큰데 어찌 봉조하의 대상이 될 수 있느냐?'는 것이었다.

선조는 그의 거절에 다시 한 번 받아 줄 것을 간곡하게 요청했으나, 역시 사양했다. 어느 학자는 이를 두고 서애가 '선조의 양심에 돌을 던진 것이 아닐까?'라고 말하기도 한다. 또 다른 학자는 진정으로 백성과 고통을 함께 한다는 차원에서 나온 그의 겸손과 겸양의 행동으로 풀이한다.

농환재를 두고 한 말처럼 그는 '초가삼간'에서 비바람을 피하면서 죽이라도 먹은 것을 다행으로 여기며 고맙게 생각한 도인의 경지에 이른 것인지도 모른다. 그의 66년 인생은 이렇게 막을 내렸다.

삼라만상을 품은 농환재

류성룡이 마지막에 살던 집은 초가삼간 농환재弄丸齋다. 초가삼간이란 방, 부엌, 헛간을 합쳐 3칸인 조그만 초가집을 말한다. 그는 세상을 떠나기 전 2년간 이 집에서 거처했다. 학가산 아래 서미동 마을 안에 있던 옛집은 지금 거의 흔적을 찾을 수 없다. 그래서 류성룡 종가인 충효당과 유림 관계자들이 마을 입구에 유허비遺墟碑를 세워 이곳을 기리고 있다. '유허비'란 '선현의 자취가 있던 곳을 후세에 길이 알리고 추모하기 위해 세운 비석'이다.

농환재를 사전적으로 해석하면 '구슬을 가지고 노는 집'이란 뜻이다. 공기놀이라든가, 땅바닥에서 하는 구슬치기 또는 요즘 말하는 저글링 같은 모든 것이 구슬 놀이라고 할 수 있을 것이다. 즉 모든 걸 내려놓고 동심으로 돌아가 자연과 더불어 조용히 보내고 싶다는 마음을 담은 것으로 풀이된다.

아침엔 동산 마루에서 도토리 줍고,	朝出拾橡東山嶺
저물녘엔 동산 기슭에서 도토리 줍네.	暮出拾橡東山足
날마다 부지런히 주워도 피곤 모르고,	辛勤日日不知疲
대바구니 마주 대고 껄껄대네.	坐對筥籠時一噱
아이 불러 시냇가 나무 주워다	呼童束薪西澗底
돌솥에 구우니 꿀맛 같네.	石鐺煮熟甘如密

　이 집에서 말년을 보내면서 시골 동네 아이들과 도토리를 주워 함께 구워 먹으며 읊은 한시漢詩인데 완전 동시童詩다. 꼬마 친구들과 즐겁게 노는 시골 할배의 '허허' 웃음 띤 얼굴이 눈에 훤하다. 농환재는 그가 직접 읊은 시 농환가弄丸歌에서 따온 것으로 알려진다.

　하늘이 땅을 감싼 것이 탄환같이 둥근데, 해와 달이 거기서 돌아가고, 삼라만상森羅萬象이 그 속에서 탄생하고 소멸하노라. ……도인이 앉아서 하늘 끝과 달무리를 깊게 쳐다보면, 사해四海가 고작 한 모금의 물[일작一勺: 1/10 홉]에 지나지 않거늘 ……삼천 년에 한 번 열린다는 복숭아꽃[반도화蟠桃花]이 무한하게 피고 진다한들 이 구슬 속[弄丸中]에 들어오면 일순간에 지나지 않는데 누가 나와 함께 이 농환을 즐길 수 있을런가. ……

농환이란 원래 어느 사물에 집착하지 않고 침묵 속에서 자각의 경지에 도달하면 남은 일들은 자연적으로 풀린다는 뜻을 포함하고 있다. 옛 중국 문헌에도 농환이라는 단어가 나오는 시가 있다. 송나라의 철학자 소옹邵雍의 시 가운데 '구슬을 굴리는 여가에 틈이 나면 한가로이 오고 가다弄丸餘暇 閑往閑來'라는 시구다. 사람들로부터 농환옹이라 불린 그는 '비바람도 가리지 못하는 오두막의 가난 속에서도 편안한 마음으로 도를 즐긴 안빈낙도安貧樂道의 삶을 살았다고 전해진다.

어떻든, 도道의 경지에 다다르지 않으면 붙일 수 없는 단어가 '농환'이라고 하겠다. 이 초가집도 학가산 중턱에 있던 중대사中臺寺 한 노승이 마련해 준 것이다. 그는 이 집을 짓기 전 한동안 이 절에서 얹혀 지낸 바 있다. 류성룡이 아들에게 보낸 편지를 보면 이렇다.

농환재弄丸齋 **편액**
서애가 세상을 떠나기 전 2년간 거처했던 초가삼간 농환재. 이곳 생활이 그에게는 가장 여유로운 시간이었는지 모른다.(사진 류한욱)

········· 이제는 학가산 기슭 마을 가운데 양지바른 언덕에 아늑하고 조용한 계곡이 내려다보이는 곳에 서너 칸 초가를 지어 사립문은 닫아두고, 방안에 깊숙이 들어앉아 병이나 치료 하고 픈 심정이 간절하다만, ······ 중대사中臺寺 노승이 나를 위하여 이곳에 집을 지어 주겠다고 이미 언약을 하였는데 너희들 생각은 어떤지? ······

그는 어느 날 잔심부름하는 아이를 시켜 결이 좋은 살구나무 목침을 만들면서 농환재에서 쓰기 딱 좋다고 말하는 등 이 초가삼간이 그렇게 마음에 들었고 그곳에 거처하는 동안 무척 안온했던 것 같다. 후일, 김상헌金尙憲도 이곳에서 얼마간 살았다고 전해지기도 한다. 병자호란 때 청나라에 볼모로 잡혀가면서 읊은 시조 '가노라 삼각산아 다시 보자 한강수야 ······'가 김상헌의 작품이다.

2. 피눈물로 써내려간 《징비록》

류성룡은 드디어 붓을 잡았다. 그동안 생각했던 《징비록懲毖錄》을 쓰기 시작한 것이다. 선조 32년 1599년 봄 어느 날이다. 자서自序(서문)를 써 내려갔다.

징비록이란 무엇인가. 임진왜란 이후의 일을 기록한 것이다.
…… 오호라, 임진년의 전화는 참……

懲毖錄者何. 記亂後事也 …… 嗚呼. 壬辰之禍慘……

참혹하다는 글자 참慘 자를 쓰다가 붓을 놓고 말았다. 눈앞에 어른거리는 그 장면들이 새삼 가슴을 저미며 눈앞을 가

렸기 때문이다. 서애의 눈에서 떨어진 굵은 눈물이 종이를 적셨다.

명나라 지원군이 오긴 했으나 전투보다는 대국의 군대라는 갑질의 횡포에 속수무책으로 당한 그날, 어전회의를 마치고 숙소로 가는 길에서다. 거적에 기댄 채, 이미 죽은 자식에게 나오지도 않는 젖을 물리고 있는 아낙네의 핏기 없는 허연 얼굴. 이미 숨져 누워있는 어미의 젖을 문 채 울고 있는 아기. 옆에서는 명나라 군인이 먹다 버린 음식 찌꺼기, 심지어 토사물까지 주워다 서로 먹겠다며 벌이는 아귀다툼. 또 한쪽에서는

오열하는 서애

죽은 어미의 젖을 빠는 아이를 본 서애는 백성의 고통에 오열하고 있다. 《애혼다이코기繪本朝鮮軍記》에 수록.

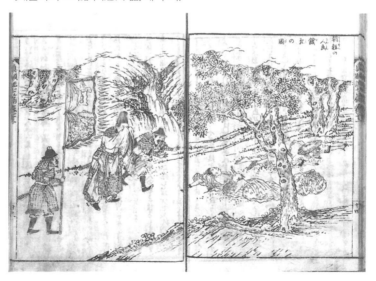

무표정한 얼굴로 인육을 뜯어먹는 무리까지도 보인다.

조선은 예로부터 '동방예의지국'이라 불리었다. 냉수로 연명하면서도 체면을 잃지 않는 꼿꼿한 선비. 콩 하나도 정답게 나눠 먹는 백성들. 어떠한 곤경에 처해서도 자신의 위치를 저버리지 않는 꼿꼿함. 부모 먼저, 자식 먼저, 이웃 먼저의 겸양과 착함. 이러한 민족, 이 같은 백성이 오죽하면 '중국 거지'에 인육까지 먹는 파렴치한 동물이 되었을까?

'아, 이건 아니다. 이건 아니다.'

서애는 이 장면이 평생 트라우마로 남아있었던 것 같다. 어쩌면, 그는 이 트라우마에서 스스로 벗어나지 않고 뇌리 깊숙이 새겨두고 문득문득 끄집어내어 자신을 채찍질하는 기준으로 삼았는지 모른다. 그는 또다시 피눈물을 쏟는다. 반 시진 (한 시간)이 넘도록 붓끝 하나 움직이지 못하고 앉아 있다. 경상經床에 붓을 놓고 일어섰다.

'백성들이 무슨 죄가 있다고, 무슨 잘못을 했다고…'

서애는 파직당해 시골로 내려온 다음 해부터 이곳 옥연정사에 거처를 정해 지내고 있다. 그는 며칠째 아침마다 의관을 정제하고 별당채 앞쪽 툇마루에 놓여있는 경상 앞에 앉았다. 이 곳은 앞이 확 틔어 있어 그나마 마음이 편안해지는 공간이다.

갓을 벗어 끈이 흐트러지지 않도록 책상 옆에 가지런히 놓고 도포에 망건만 쓴 채 정좌하고 앉아 먹을 갈았다. 연적에서 나온 물이 벼루에 가득할 정도다. 정성을 다해 천천히 먹을 갈면서 머릿속을 정리했다. 이러기를 오늘까지 사흘이다. 매일 쓴다, 쓴다 하면서도 한 줄도 나가지 못하다가 드디어 이날 마음을 다잡고 쓰기 시작했으나 32번째 글자 참慘 자에 이르러 멈춰버린 것이다.

일어나 마당으로 나가 화천花川(옥연정사 앞을 흐르는 낙동강)을 굽어본다. 오늘도 강물은 유유히 흐르고 있다.

'저 물은 이 나라 백성들의 아픔을 알고 있을까?'

하늘을 쳐다본다. 오늘따라 별은 더욱 빛난다.

'저 별들도 백성들의 고통을 다 보고 있었겠지?'

다시 화천으로 나가는 대문인 간죽문看竹門을 지나 강이 바로 보이는 바위 턱에 털썩 주저앉는다.

'아, 아, 아……'

그는 또다시 피눈물을 쏟고 있었다. 서애는 이 책을 쓰는 데 무려 5년이라는 긴 시간을 쏟아부었다. 전후 일본의 베스트셀러 가운데 임진란의 주범인 풍신수길豊臣秀吉의 일대기를 그린 오카다 교쿠잔이 쓴 소설 《에혼다이코기絵本太閤記》가 있다. 풍신수길이 우리에겐 원수지만 일본에선 영웅이다. 책의 거의 절반은 그림으로 채워져 있는데 그 가운데 바로 류성룡이 이들을 보며 함께 오열하는 장면이 두 차례나 나온다. '조선인민 아사餓死(굶어죽다)'라는 설명이 달린 그림에서 그가 백성들을 쳐다보며 슬피 울고 있는 모습이다.

《징비록》 서문은 '징비록이란 무엇인가?'로 시작해서 '어리석은 신하(류성룡)가 나라에 보답하지 못한 나의 죄를 나타내고자 한다.(愚臣報國無狀之罪云)'로 끝맺음을 했다. 총 273자, 30여 문단이다. 그는 머리말에서 이 책을 '왜' 쓰게 됐으며 어떤 상황—주로 전시—의 배경과 처리 과정, 그리고 그 결과까지를 있는 그대로 가감 없이 상세하게 기록한다고 적었다.

본문은 임진왜란이 일어나기 6년 전, 한·중·일韓中日 삼국의 시대적 상황을 설명하는 것으로 시작한다. '만력 병술간萬曆丙戌間'(당시 조선은 명나라 황제 신종神宗의 연호인 만력을 썼다)'으로 시작해서 마지막 문장은 그의 영원한 후배이자 친구이며 동료인 이순신을 기리는 말로 장식했다.

여러 장수들이 모두 이순신을 신으로 여겼다.　　諸將以爲神

《징비록》은 목판본 기준, 양면을 한 페이지로 기록한 상권 52페이지 104면, 하권은 33페이지 66면, 도합 170면에 달하는 2권짜리 엄청난 기록이기는 하다. 글자 수로 따지면 한쪽이 세로 20자字에 가로 10줄이니 200자, 전체 34,000자 정도다. 이 목판본은 류성룡이 붓으로 직접 쓴《초본 징비록》을 그의 손자 류원지柳元之가 정리해서 인조 26년인 1648년 펴낸 것으로, 지금까지 출판된 징비록은 대부분 이것을 원본으로 해서 나온 것이다.

《초본 징비록》은 한 장에 180자 안팎으로 모두 156장이 남아있는데, 그 가운데 10여 장이 사라지고 없다.

류원지가 펴낸《서애문집》은 징비록이 포함된 총 27권 14책의 방대한 저술인데, 간혹 이를 통틀어 그냥 '징비록'이라고 말하기도 한다. 하지만 엄격한 의미에서 상하 2권 1책으로 된《초본 징비록》만을 따로 떼어 놓고 보면, 전체 서애문집 분량의 15퍼센트 안팎에 지나지 않는다. 이 정도 분량이면 그의 글쓰기 속도로 본다면 1년이면 족하다. 길어야 2년이면 충분하고도 남을 양이다.

그가 임진왜란 7년 동안 선조에게 올린 상소와 하부 기관에 보낸 공문서만 549건에 이른다. 이 숫자는 전란으로 소실된 자료 등을 제외하고 《징비록》 등 《서애문집》에 기록으로 남아있는 것만 그렇다. 서애는 임금께 올리는 서장書狀 형식 보고서와 하부 기관에 보내는 공문인 문이文移를 하루에 몇 건씩 쓰기도 한 달필이다. 더구나 그동안 꼼꼼하게 챙겨둔 《군문등록軍門謄錄》 등 많은 자료도 이미 체계적으로 정리해 둔 상태다.

그럼에도, 이처럼 많은 시간이 든 것은 그동안의 기록자료와 기억에 오류가 없는지 꼼꼼하게 확인하고 수정하느라 그랬을 것이다. 기록은 이념이나 정파 또는 사적 감정에 흔들림 없이 고증 위주의 객관적인 사실을 바탕으로 일관되게 서술되어 있다. 이것이 지금껏 많은 사람들로부터 평가받는 주요인이기도 하다. 초본을 보면 한 글자, 한 문장을 여러 번 고치고 또 고친 것을 수없이 볼 수 있는데 그만큼 퇴고推敲에 정성을 쏟았다는 이야기다.

그러나 이보다 심리적 육체적 고통으로 말미암아 지체됐을 가능성이 훨씬 더 높았을지도 모른다. 앞서 말한 것 같은 죄책감과 고민으로 붓을 놓고 통곡하느라 많은 시간을 허비했을 테니까 말이다. 때로는 식음을 전폐하고 며칠씩 앓아누웠을 터이고 또 수많은 불면의 밤을 보냈을 거라는 반증이기도 하다. 아마도 집필에 쓰인 먹물보다 더 많은 피눈물이 담긴 이 《초본 징비록》은 그가 삭탈관직을 당해 고향 하외河隈(지금의 하회)로 내려온 이듬해 집필을 시작, 5년만인 선조 37년 1604년 7월 드디어 마침표를 찍었다.

이는 임진왜란이라는 역사기록물이자 류성룡 개인의 참회록이기도 하다. 그의 나이 63세. 이때 쌓인 피로와 허탈감을 더해서 그동안 악화된 건강 때문에 3년 뒤 그는 세상을 떠났다.

'임진왜란을 거울삼아 다시는 이런 일이 없도록 반성하자'는 이 《징비록》은 그러나 조선에서는 그것으로 끝이었다. 누구도 더 이상 반성하지 않았으며 사분오열 당쟁은 계속됐고 종전 후 기껏 40년도 못 되어 '임진왜란'에 못지않은 '병자호란'을 맞게 된다.

더 '슬픈' 이야기는 징비록이 조선에서 푸대접 받는 사이 적국 일본에서는 이를 몰래 베껴 가 《조선 징비록》이라는 이름으로 목판본을 발간했고 최고의 베스트셀러가 되었다. 특히 그들 지도자들은 이 책의 내용을 반면교사로 삼아, 7년이라는 시간을 보내고도 조선을 정복하지 못한 이유를 분석했다. 이를 바탕으로 300년 뒤 기어코 조선을 통째 집어삼키는데 활용되지 않았을까 하는 것이다. 일본은 그뒤 여러 출판사에서 《징비록》을 펴냈으며 1979년 평범사平凡社에서 출간한 것은 1997년 8쇄 2006년 9쇄를 찍기도 했다. 2020년 현재, 일본에서 발매 중인 징비록은 모두 12권에 이른다.

국내에서는 1958년 성균관대학교 대동문화연구원에서 《징비록》을 포함, 《서애문집》 목판본 전24권 13책을 영인본으로 출간한 바 있다. 또 서애기념사업회는 지난 1970년대부터 지금까지 '서애전서'라는 이름으로 이 문집의 한글 번역 작업을 계속하고 있다. 한글 징비록을 시작으로, 전시기록물 《군문등록軍門謄錄》과 《근폭집芹曝集》, 《진사록辰巳錄》, 《녹후잡기錄後雜記》 등 별도 저서와 시집詩集 등 지금까지 20여 권을 펴냈다. 서애가 쓴 《초본 징비록》 원본은 그동안 종가인 충효당忠孝堂 내 영모각永慕閣에 소장되어 오다가 지금은 보안 문제로 안동에 있는 한국국학진흥원에 위탁 보관 중이다. 국보 132호다.

《징비록》을 쓰면서 고뇌하는 서애 류성룡. (일러스트 이철원)

《징비록》의 아픔을 함께한 책상

《징비록》을 쓰는 동안 서애 류성룡과 피눈물을 함께 한 물
건으로 벼루와 먹, 붓, 연적, 그리고 책상이 있다. 그러나 이
가운데 현재 남아있는 것은 책상뿐이다. 판의 양 끝이 위로
말려 올라간 경상經床이다. 경상은 선비뿐 아니라 스님들도
즐겨 쓰던 조그만 앉은뱅이 책상으로 보통 책상 서안書案보
다는 약간 작다.

이 책상은 셋째 아들 류진柳袗에게 전해졌고 다시 증손자
인 류천지柳千之를 거쳐 그의 사위인 학자 이만부李萬敷가 소
장했었다. 그 뒤 여러 사람의 손을 거쳐 우여곡절 끝에 서애
종가인 충효당으로 되돌아왔다. 지금은 역시 안동 한국국학
진흥원에 보관 중이다.

이만부는 이 책상을 자신이 소장하게 된 경위를 기문記文
으로 책상판 안쪽에 남겼다. 이 기록에 따르면, 책상의 본바
탕은 보통 나무지만 외장 문양은 대나무로 되어있다. 그래서

내면은 강직하고 방정함을 취하고 외면은 절개와 지조를 나타낸 것이라고 그는 풀이했다. 그러면서 그는 서애가 천하를 경영했던 공과 업적, 고금을 관통하는 학문, 이 모두를 이 책상 위에서 얻어 냈으니 보물이라고 했다. 오랜 시간 여러 손을 거치며 상판만 남아있고 받침이 없어져 이를 새롭게 만들어 자신의 서재에 두고 있었다고 기록했다.

현재 서애 종가에는 그가 쓰던 소형 벼루 하나만이 소장되고 있다. 그러나 그림과 명문이 새겨진 대형 명품 벼루와 먹 연적 그리고 한지 받침 등과 이를 넣어두는 벼룻집도 없다. 서애 종택뿐 아니라 국립박물관 대학박물관 등 어디에도 찾아볼 수 없으며 그동안 류성룡 관련 전시회에서도 나타난 적이 없다.

예부터 선비는 사치를 금했고 화려함을 거부했다. 그러나 단 하나, 문방사우文房四友로 불리는 지필묵연紙筆墨硯(종이, 붓, 먹, 벼루)만은 좋은 것을 갖는 걸 부끄러워하지 않았다. 분명, 서애 류성룡도 좋은 벼루와 먹 우아한 연적 등을 갖고 있었을 터인데 말이다.

아무튼 그가 아꼈고, 징비록을 쓰느라 피눈물을 함께 쏟았던 그 벼루 세트는 누구 손에 있는지 알 길이 없다. 그동안 알려진 바에 따르면, 지난 1950년대까지는 서애의 지손支孫

중 어느 집에서 보관해 왔으나 6.25를 거치면서 없어졌다. 이
후 어느 벼루 수집가 문인이 소유했었다는 소문이 있었을 뿐,
지금은 어디 있는지 아무도 모른다. 누군가 국내에 보관 중이
라면 그나마 다행일텐데 말이다.

대나무 책상

서애가 사용하던 대나무 책상이다. 책상 판 안쪽에 이만부李萬敷가 그 연원
에 대해 글을 남겨놓았다.(사진 황헌만)

3. '아니 되옵니다' 정승

　지금도 그렇지만 왕조시대는 정말로 어려웠다. 최고 권력자 면전에서 직설적으로 '노(No)'라고 말하는 것. 자칫 그 자리에서 목이 달아날 수 있기 때문이다. 그러나 류성룡은 임금 앞에서 수없이 '아니 되옵니다'를 외쳤다. 만조백관이 함께 한 자리에서도 거침이 없었다.

　'아니 되옵니다'의 최고 하이라이트는 선조와 피난길에서다. 왜의 선봉대가 부산항에 쳐들어온 게 임진년(1592년) 4월 13일이니 정확하게 20일 만인 5월 3일 수도 서울은 왜군의 손에 떨어졌다. 겁 많은 임금 선조는 이보다 사흘 앞서 피난길에 나섰다. 많은 관리가 임금이 탄 어가를 수행했다. 임금이 서울을 떠나는 것을 본 길거리의 백성은 울부짖었다.

"나라님이 우리를 버리고 가시면 우리는 누구를 믿고 살아야 합니까?"

6월 초, 파주 개성을 거쳐 평안도 의주에 이르렀다. 이른바 의주파천義州播遷이다. 곧바로 임진강을 건너 동파 역에 이르러 수행한 중신들이 다 모였다.

"내가 어디로 가야겠느냐? 일이 이미 이 지경에 이르렀으니 꺼리지 말고 각각 충심을 다해 말하라." -선조

그러나 영의정 이산해를 포함한 대부분 대신은 엎드려 목놓아 울 뿐 아무런 대답도 하지 못했다. 아니 하지 않았다. 도승지 이항복이 말했다.

"우선 의주에 머물고 있다가 힘에 부쳐 팔도가 모두 함락될 지경이 되면, 명나라에 호소하는 것이 괜찮을 듯하옵니다."
"짐의 생각도 그러하다." -선조

이때 좌의정 류성룡이 나섰다.

"아니 되옵니다. 전하. 임금께서 동토東土(동쪽 땅, 곧 조선)를 한 걸음만이라도 벗어나면 조선은 이미 우리 땅이 아닙니다."
–류성룡

"명나라로 들어가는 것이 본디 나의 뜻이었다." –선조

"결코, 아니 되옵니다. 전하." –류성룡

류성룡이 워낙 강하게 나오자, 이항복이 한발 물러났다.

"신이 말한 것은 곧바로 강을 건너 버리자는 것이 아니라, 위급한 상황에 처한 경우를 말한 것입니다. 혹 불행한 일이 생기면 몸을 둘 곳, 발붙일 곳이 없으니 차라리 일각을 늦추어 후일의 거사를 도모하는 것이 낫다는 말입니다." –이항복

"아니 되오. 지금 동북의 여러 도道는 여전하거니와 호남의 충의로운 인사들이 불일간에 봉기할 터인데 어찌 성급하게 이런 일을 논의해야 하는가?" –류성룡

두 사람의 설전을 듣고 있던 임금은 수시로 이항복의 편을 들어 '명나라로 갔으면' 했다. 이 와중에 선조는 명나라에 신하를 보내 망명을 요청했고 6월 27일 허락을 받기까지 했다. 어가를 막아 죽기를 무릅쓰고 '아니 되옵니다'를 주장한 서애 탓(?)에 선조의 명나라로의 탈출은 저지되었다.

류성룡의 '아니 되옵니다'는 반대를 위한 단순한 반대 주장이 아니다. 이 경우도, 나라를 버리고 도망갈 것이 아니라 임금이 중심이 되어 군사를 재정비, 왜군을 격퇴해야 한다는 더 적극적인 관점에서 '파천 반대'를 주장한 것이다.

그는 모든 일에 현실을 매우 중시하는 긍정론자였다. 현실을 바탕으로 실용적 개혁가로서 스스로 힘을 길러야 한다는 자강론자自強論者다.

"어찌 나라를 버리자는 논의를 함부로 한단 말인가? …… 그리고 이 말이 한번 알려지면 백성들의 마음이 모두 와해될 것이니 누가 그 민심을 수습할 수 있겠는가?"

류성룡은 이렇게 나중에 이항복에게 꾸짖었다. 당시 이항복은 정3품이나 승정원(지금의 청와대 비서실 역할)을 맡아있어 정1품인 영의정이나 좌의정 못지않은 끗발을 지녔었다.

몇몇 역사학자는 '선조 명나라 망명 저지'를 류성룡이 임진왜란에 대처한 가장 큰 공헌으로 평가하기도 한다. '만일' 선조가 명나라로 도망쳤더라면, '임금=국가'였던 당시의 시대사조로 볼 때 조선은 영영 없어졌다는 게 학자들의 공통된 견해다. 그랬더라면 조선은 중국의 일부가 되었거나, 일본에 집어삼켰거나, 반씩 쪼개져서 중국과 일본이 되었을 거라는 이야기다.

고지도에 나와 있는 의주義州

나루만 건너면 바로 명나라다. 선조의 망명을 서애가 막지 않았더라면 이 나
라는 어찌 되었을까?

나중 얘기지만, 선조는 당시 서애의 '아니 되옵니다'에 대한 앙심으로 논공행상에서 1등 공신으로 추천된 그에게 하나 낮춰 2등 공신을 주었다. 이와 달리 '명나라로 도망가자'는 자신의 마음을 따라 준 이항복에게는 1등 공신을 하사하는 치졸함을 보였다.

이 과정에서 있은 코미디 한 토막. 선조가 궁을 버리고 달아나던 사흘째인 5월 2일, 그 와중에서도 이들은 싸움박질에 여념이 없었다. 임진왜란의 책임을 물어 이산해를 영의정에서 해임하고 류성룡을 영의정에 임명하는 교지敎旨(임명장)를 내렸다. 그러자 류성룡에게도 책임이 있는데 말이 안 된다며 주위에서 와글와글 했고, 선조는 그날 오후에 아침에 내린 교지를 거두어 버렸다. '반나절 영의정'이다. 이 교지는 지금까지 보존되고 있다. 한편, 이듬해 다시 서애는 영의정에 임명되어 임진왜란이 거의 끝나간 1598년 파직될 때까지 영상 직을 수행했는데 당시 교지는 어디 갔는지 없다.

명나라와의 관계에서 서애의 목숨 건 '아니 되옵니다'는 몇 차례 더 있다. 임진왜란 이듬해 4월 서울이 수복되고, 전쟁이 잠시 소강상태에 접어들 무렵 명과 일본은 휴전 협상에 들어갔다. 이때 명나라 대표 진홍모陳弘謨가 류성룡에게 기패旗牌(천자의 기문이 새겨진 명나라 국기)에 참배할 것을 요구한다. 이에 류성룡은 '이는 왜군에 가는 기패인데 내가 왜 참배해야 하는가? 또 적을 죽이지 말라는 패문이 있으니 더욱 참배할 수 없다'고 거부했고, 서너 차례 더 강요당했으나 그는 끝까지 거절했다. 그러자 진홍모는 '기패는 천자의 명령이거늘 이를 거절했으니 군법에 시행하고 군대를 철수시키겠다'며 으름장을 놓았다. 군법 시행이란 곧 류성룡을 참형에 처하겠다는 말이다. 류성룡은 생각했다.

'내가 죽는 것은 그렇다 치고 진짜로 철군하면 곤란하지….'

그는 이여송을 찾아가 '기패의 존엄성을 모르는 바 아니나, 우리 백성은 왜군을 죽이지 말라는 말에 분한 마음이 들어 잠시 예를 어겼을 뿐'이라며 사과하는 척, 할 말을 다 했고, 사건은 없던 걸로 일단락됐다.

명나라에 대한 또 다른 '아니 되옵니다'는 그의 파면에 빌미가 된 정응태의 무고誣告 사건에서다. 명나라 지원군 가운데 양호와 정응태란 자가 있었는데 이 두 사람의 싸움에 조선이 말려들면서 생긴 사건이다. 정응태가 명나라 황제 신종에게 조선과 조선왕을 탄핵해야 한다며 무고한 것이다. 이유는 이렇다.

하나, 조선이 패장 양호와 부화뇌동하여, 그의 죄를 숨기는 등 명나라와 명의 황제를 속였다. 둘, 임진란 자체가 조선과 왜가 짜고 명을 공격해 요동반도를 탈취, 조선이 요동을 갖기로 한 사건이다. 셋, 조선 임금이 감히 조祖나 종宗이니 하는 칭호를 쓰고 있다.

이에 대해 조선에서는 '거짓'이라고 항의했으나 헛일이었고 그래서 진주사陳奏使(진사 사절단)를 파견했다. 먼저 좌의정 이원익을 보냈고 다음에 다시 우의정 이항복까지 파견해서 '변명과 사죄'를 했고 '반성문'을 작성해 올렸다.

사건의 전말을 다 이야기하자면 너무 길어 생략하고 딱 하나만 함께 생각해 보자. 우리나라는 삼국시대 이전부터 고려조에 이르기까지는 임금을 이를 때 '황제 폐하'를 사용했으나 조선조에 들어오면서 중국과 군신의 관계로 전락하면서, 황제가 아닌 '왕'과 '전하'로 격하되었다. 그러나 임금의 칭호에서는 이미 수천 년 전부터 이어온 태'조'니 세'종'이니 하는 '조'와 '종'을 사용해 오고 있었다. 새삼 문제될 게 하나도 없는 일이었다.

그러나 겁많은 선조는 이 반성문에서 '외람되게 조와 종이라는 존칭을 그대로 써 온 것은 무지하고 망령되어 저지른 죄이오니, 신臣은 만 번 죽는 죄라도 달게 받겠사옵니다'라며 거적을 깔아놓고 석고대죄하며 명 황제에게 읍소했다. 그러자 류성룡은 또 '아니 되옵니다'를 부르짖었다. 한마디로 말도 안 되는 억지니 적어도 세 번째 항목은 아예 무시하고 넘어가는 것이 옳다고 주장한 것이다. 아무리 우리나라가 대국과 군신의 관계이긴 하지만 조선은 독립국인데 '그건 아니다'는 것이었다. 그러나 그의 주장은 먹히지 않았을 뿐더러 나중 탄핵의 빌미가 되기까지 했다.

그리고 이보다 훨씬 앞서 일본 통신사 왕래를 두고 명나라에 보고할 것인지 말 것인지에 대한 논쟁에서도 그는 '아니 되옵니다'를 외쳤다. 왜란이 있기 1년 전, 일본에 다녀온 통신사들이 왜왕으로부터 받아 온 답서에 '일본이 명나라를 쳐들어갈 테니 조선은 그냥 길만 빌려달라'는 내용이 있었다. 이 편지 내용을 명나라에 통고할 것인지 숨길 것인지를 두고 격론이 벌어졌다.

선조를 포함한 대신들은 '공연히 긁어 부스럼 만들 필요 없으니' 모른 척하자고 했다. 자칫 조선과 일본이 짜고 명나라를 침범하려는 것으로 오해를 살 수 있다는 논리였다. 그러자 또 서애의 '아니 되옵니다'가 나왔다.

"연유緣由(이유)는?"

"숨긴다는 건 대의大義가 아닙니다. 다른 나라와의 사신 왕래는 항상 있는 일입니다. 더구나 과거 일본이 우리를 통해 대국에 조공을 바치겠다고 한 사실도 알려 칙서를 주고받게 한 일이 있습니다. …… 그리고 숨겼다가 명나라가 다른 곳을 통해 이 일을 알게 된다면 그때는 진짜로 우리 조선이 일본과 짜고 이를 비밀에 부쳤다고 의심할 것입니다. 그렇게 되면 다른 일에까지 문제가 될 수 있게 되기 때문입니다."

류성룡의 판정승. 이 내용은 즉시 명나라에 통고했는데 명도 다른 소식통을 통해 알고 있던 바라 무사히 넘어갈 수 있었다. 드라마 '징비록'은 첫 회부터 류성룡의 '아니 되옵니다.'를 방영, 그의 'NO 정승'의 꼿꼿함을 각인시켜줬다.

명나라의 《대명회전大明會典》에는 조선조 태조인 이성계의 족보가 잘못 기록되어 있었다. 이를 수정해 줄 것을 여러 차례 요청했으나 그동안 뜻을 이루지 못했는데 선조가 이를 바로 잡았다. 종계변무宗系辨誣이다. 기분이 좋아진 선조는 '대국의 은혜에 크게 보답해야 할 것'이라며 파안대소한다. 모든 신하 또한 한결같이 '지당하옵니다'를 외치며 이 은혜에 보답하는 뜻에서 거창한 조공을 바쳐야 한다고 목소리를 높였다. 이때 서애는 또 '아니 되옵니다'를 역설하며, 일갈한다.

"그것은 명의 은혜가 아니옵니다. 잘못된 부분을 고쳐 준 것이 어찌 은혜가 됩니까? 뒤늦게 바로 잡아 준 것에 대해 오히려 그들이 사과해야 할 일인데. …… 거기다 국고를 빼내 조공을 바치자니요?"

그는 이뿐 아니라 각종 어전회의나 정책 모임에서 잘못된 지시나 정책이 나올 때면 '아니 되옵니다'를 외쳐 회의에 찬물을 끼얹곤 했다. 그래서 붙여진 별명이 '찬물 룡'이다. 서애는 일을 조용히 처리하는 스타일이다. 결코, 나서길 좋아하는 인물이 아니다. 그러나 국익에 관한 한, 백성을 위하는 일이라면, 언제 어디서나 거침없이 목숨을 내어놓고 '아니 되옵니다'를 주창했다.

이 밖에 류성룡의 서애 문집이 아닌 김시양의 〈부계기문涪溪記聞〉에 기록된 것이라 별로 알려지지 않은 '아니 되옵니다' 하나가 있다. 세조 이후 조선조에서 김종서와 사육신에 대한 논의는 금기사항이었다. 그런데, 율곡이 선조에게 《육신전(사육신전死六臣傳)》을 인쇄하여 반포하겠다'고 말하자 임금은 '집에 《육신전》을 간직하고 있는 자는 반역으로 논죄하겠다'며 펄쩍 뛰었다. 이때 류성룡이 말했다.

"국가가 불행하게도 어려운 일을 당했을 때 신臣 등은 (변절자)신숙주가 되어야 합니까, 아니면 (충절자) 성삼문이 되도록 하고자 하십니까?"

류성룡은 그에 대한 처벌은 '아니 되옵니다'를 주창했다. 선조도 이 말 한마디에 노여움을 풀고 그냥 넘어갔다는 일화가 전해진다.

서애 문집에 남아있는 자료에 따르면 전란 중에 그가 왕에게 올린 보고서나 상소만도 407건이나 된다. '아마도' 이 가운데 절반 이상이 '아니 되옵니다'이며 나머지는 제도 개선 '개혁'을 주창하는 것으로 평가된다.

건국 200년, 축포 대신 왜군의 총포가

임진왜란이 일어난 해는 1592년 4월이다. 1592년은 아주 중요한 의미를 갖는 해다. 이성계가 위화도 회군이라는 쿠데타로 고려를 뒤엎고 조선조를 건국한 것이 1392년이다. 그러니까 건국 200년이 되는 해다.

'건국 200년.'

강건한 나라라면 어느 국가든 태평성대 평화 시대요, 한창 잘 나가는 시기다. 폭죽이 터지고 온 백성이 춤판을 벌이는 대잔치가 벌어져야 할 이때, 잔치는 고사하고 나라는 피바다가 되었고 백성들은 백성이 아닌 실향 유랑민이었다. 원인은 단 하나. '평화를 원한다면 전쟁을 준비하라'는 국가 운영의 기본이자 역사의 가르침을 벗어났기 때문이다.

당시 조선은 '굴욕적인' 평화를 누리고 있었다. 건국 이후 명나라와 '군신의 관계'를 이어오는 대가로 껍질뿐인 평화에 안주하고 있었다. 왕의 호칭은 폐하에서 전하로, 세자는 전하에서 저하로 격하되었고 세자책봉까지도 중국의 허락을 얻어야 했다. 해마다 범가죽[호피]에서 인삼은 물론이고 남녀 노비까지 조공으로 바쳤다.

굴욕은 이것만이 아니다. 조선조 자체의 국가연호는 아예 없고 중국 것을 따랐다. 임진왜란이 일어난 1592년은 '조선 200년'이라든가 '선조 25년'이 아닌 명나라 신종의 연호인 '만력萬曆 20년 임진'이다.

유학儒學에 매몰되어 세상을 보는 눈이 없었다. 인간의 본성과 정치의 본질을 배우고 이해하고 논하는 제대로 된 유학이 아니라 형식에 얽매어 헛발질만 일삼고 있었다. 제례祭禮를 예로 들어 비유하면 이렇다. 제례의 본질은 무엇이고 왜 필요한지가 아니라 제사에서 절은 두 번 해야 하는가, 네 번 하는 것이 옳은가를 두고 싸운다. 임금이 네 번이 맞는 것 같다고 말하면 두 번을 주장했던 패거리들은 몽땅 역적으로 몰려 죽는 그런 식이다.

그러다 보니 동인, 서인으로 갈라졌던 붕당 패거리는 동인은 다시 남인과 북인으로 쪼개졌고 서인은 노론과 소론으로 분열되어 이른바 4색 당파가 형성되어 서로가 죽기 살기로 싸움박질만 하고 있었다.

가짜 평화, 남에게 의존한 짝퉁 평화에 이러고 있었으니 왜군이 부산에 상륙한 지 3주 만에 서울과 평양, 개성 등 이른바 수도 세 곳이 모두 일본군 수중에 넘어갔다.

　결국, 불쌍한 건 예나 지금이나 힘없는 백성 민초들이었다. 7년간, 정확하게 6년 7개월 이어진 임진왜란의 피해는 어마무시하다. '장안에 시체가 산더미만큼 쌓였다'든가 '논밭이 모두 황무지가 되었다' 같은 '카더라'식 기록은 넘쳐난다. 하지만 실록의 기록도 추정치만 내놓고 있는 데다 아무래도 피해를 줄여서 기록하지 않았을까 하는 게 일반적인 견해다. 나쁜 것은 되도록 줄이고 좋은 것은 부풀리는 게 역사 기록이니까.

　먼저 인구다. 임진왜란 당시 조선의 인구는? 그리고 군졸의 수는 얼마나 되었을까? 지금과 같은 정확한 통계가 없다 보니 학자마다 천차만별이다. 선조 때의 인구를 적게는 190만에서 많게는 1,410만으로 추산한다. 조선조에서는 3년마다 한 차례씩 호구戶口 조사를 했는데 임진왜란 49년 전인 중종 38년 1543년 416만 2천이라고 기록되어 있다. 이는 '세금 부과'를 위한 조사라 실제와 많은 차이가 있을 거라는 게 학자들의 견해다. 대부분 사회학자가 조선조 건국 당시인 1392년 인구를 550만으로 추정하는 것을 기준 하면 200년 동안 인구가 전혀 늘지 않고 오히려 20퍼센트 이상 줄었다는 건 이해하기 어려운 측면도 있다.

　통계청과 한국인구학회가 공동으로 펴낸 '인구대사전'은

선조 때 인구를 1,150만~1,410만으로 추산한다. 한편, 임진왜란 때 군졸의 수를 선조실록은 17만 2,400명으로 추산했다. 같은 기록에 따르면 전쟁 중에 죽은 사람은 조선군 전사 7만, 민간인 피해 15만 명으로 모두 22만 명이다. 한편, 일본 전쟁사 연구에 정통하다는 영국인 역사학자 스티븐 턴힐(Stephen Turnhill)은 조선 안에서 숨진 조선인을 20만, 일본에 포로로 잡혀간 숫자를 6-7만으로 추산했다.

또 '인구대사전'을 기준하면, 광해군 시대 인구(1120만~1150만)는 선조 조에 비해 적게는 30만에서 많게는 260만 명이 줄었다. 즉 주먹구구로 단순 평균해도 145만 명이 임진왜란으로 인한 직간접적 사망자 숫자라 할 수 있으며 전 인구의 10퍼센트 안팎이 죽었다는 이야기다. (전 인구 3~21퍼센트의 단순평균치이다.) 또 농경지 피해는 ―이 또한 추산이지만― 전쟁 전 151만 결結(1결은 600평)의 농경지가 전후 1/3로 감소했다.

그리고 참으로 안타까운 건 포로로 일본에 잡혀간 백성들이다. 일단 서양 사학자가 말한 대로 잡혀간 포로가 6~7만 명이라고 치자. 그들 가운데 많은 수가 당시 서양 노예상들에게 팔려 갔는데 한 사람당 쌀 두 가마 값이었다고 기록은 전한다. 남은 사람들은 물론 왜인의 노예로 살았다. 또 이 가운데 여성들은 어찌 되었을까? 불문가지, 지금껏 한일간 문제가 되어있는 일제 강점기 위안부 저리 가라 할 정도의 성 노리개를 겸한 비참한 노예 생활을 했을 것이다. 단지, 몇 안 되는 도예공이나 조선공 등 기술자들만 사람대접을 받았다.

또 하나, 일본 교토[京都]에 있는 '귀 무덤'이다. 임진왜란 중에 일본군은 전공을 확인하기 위해 조선 군졸과 백성들의 수급 대신 코를 베갔다. '코 무덤'이라는 용어가 거북하다 해서 코를 귀로 바꾼 것이다. 묻혀있는 숫자는 한국판 위키백과는 12만 6천 명, 일본판은 2만이라고 말하고 있다. 무덤 안내판에는 아무런 숫자를 밝히지 않고 있다.

아. 모두가 불쌍한 우리 민족의 영령들이다.

일본 교토[京都]의 '귀 무덤'

임진왜란의 아픈 역사를 상징한다.

4. 짚더미에서 잔 영상 대감

백성을 부릴 때는 큰 제사를 모시는 것과 같이하라.

使民如承大祭

　서애 류성룡은 《논어》에 나오는 이 구절을 항상 가슴에 품고 조정 대신으로서의 기준으로 삼았으며 하급 관리들에게도 당부했다. 조선 시대, 제사란 온갖 정성을 다해 조상을 모시는 행사다. 백성을 그만큼 어렵게 생각하고 존중하라는 것이다.

　그가 별세하자 조정에서는 3일 동안 애도 기간을 정했음에도 백성들이 스스로 하루를 더해 4일간 모든 생업을 접고 그를 위해 조문한 것은 바로 이러한 인간적인 사랑과 대접에 대한 고마움과 존경을 보여준 이야기다. 그는 전쟁의 소용돌이에서 고통 받는 백성들 옆에서 함께 울고, 배고픔을 함께 견디며, 때로는 그들의 눈물을 직접 닦아주었다. 백성의 아픔이 곧 그의 아픔이었음을 그들은 알고 있었기 때문이다.

왕조시대, 충忠은 오직 임금 개인에 대한 충성이었다. '짐이 곧 국가'라는 이 말은 프랑스의 루이 14세가 한 말이라지만 동서고금을 가리지 아니하고 왕조시대 임금은 누구나 같은 생각이었다. 임금뿐 아니라 벼슬아치들과 일반 백성 또한 마찬가지였다. 그러나 류성룡은 거기에 더해서 국가와 백성에 대한 충이 곧 임금에 대한 충성이라는 생각이었다. 서애의 이러한 백성 사랑은 마음이나 말로서가 아니라 언제나 행동으로 보여주었다.

임진왜란 중에 가장 어렵고 힘든 문제는 군량미 조달이었다. 군졸이나 백성뿐 아니라 군마조차 하루에도 몇 십 마리씩 굶어 죽어 가는 판이었다. 이때 가장 손쉬운 방법은 예나 지금이나 백성으로부터의 식량 강탈이다. 집집마다 뒤져서 쌀한 됫박조차 강제로 훑어가는 것이다. 그러나 결코 류성룡은 그러질 않았다. 그는 실제 부역이나 군역을 매길 때나 군량미를 거둘 때 한 번도 백성을 위압으로 겁박하지 않고 유무형의 반대급부를 제공했다. 모속募粟 제도와 공명첩空名帖 발행이 대표적이다.

모속이란 백성들이 군량을 국가에 자원해서 바치게 하는 제도다. 스스로 감당할 수 있을 만큼만 헌납하게 하고 수량에 따라 즉시 상을 내려 즐겁고 보람을 느끼도록 했다. 대상은 양반도 일반백성도 천민도 아닌 중인들로 그들 가운데에는 부자가 꽤 많았다. 오늘날 전문직 비슷한 이서吏胥, 의관醫官, 역관譯官, 산관算官 등인데 그들로부터 받은 만큼 반드시 포상을 해줬다. 그는 이러한 모속으로 군량미를 모으는 과정에서도 민가에 피해가 가지 않도록 길가 풀 더미 위에서 자는 그런 영의정이었다. 아무리 전쟁 중이지만 일국의 영의정이 길거리 짚 더미에서 잤다니. 너무나 인간적인 그의 행동에 백성들이 진심으로 따를 수밖에 없었다.

또 공명첩 발행으로 누이 좋고 매부 좋은 제도를 제안했고 실행했다. 전쟁이라는 위기 때 혁신적 개혁적인 제도로 일정 군량미를 기부하면 실권 없는 형식적 명예직을 주어 신분 상승의 기회를 마련했던 것이다. 천민에서 벗어나는 면천免賤, 노역을 면제해 주는 면역免役, 승려 자격을 주는 승인도첩僧人度牒, 서자들도 벼슬길에 오를 수 있게 해주는 허통許通, '원로대우증' 비슷한 노직老職, 금군禁軍(호위군), 봉사奉事

(훈련원 말단관직), 참봉參奉(최말단 관직) 등에 양곡 10석에서 100석 정도를 내도록 했다. 조정으로서는 전쟁물자와 함께 백성들의 충성심까지 얻게 되니 일거양득이고 백성들로서도 신나는 일이라 요즘 말로 서로가 윈윈한 것이다.

그는 또 대동법의 바탕이 된 작미법作米法을 제정, 가난한 백성들의 세금을 줄여주거나 아예 없애줬다. 즉 그동안 호구戶口, 곧 사람 중심 과세 기준을 경작지 중심으로 바꿔, 논밭이 없는 소작농에게는 세금을 물리지 않고, 그동안 세금을 내지 않았던 땅 부자 양반과 지배층으로부터는 많은 세금을 거둬들였다.

이렇게 백성들의 아픔을 어루만지고 가려운 곳을 긁어주었으니 만백성이 그를 존경하지 않을 수 없었다. 이와 달리, 양반과 기득권층한테서는 원망과 질시를 한 몸에 받는 '권력층 공공의 적'이 되고 말았다. 그동안 내지 않던 세금을 내게 됐고 그들의 사유재산인 사노비는 군졸로 뽑혀 일부는 면천되었으니 그들로서는 이가 갈릴 일이었다.

더해서 그는 상소문을 통해, '지난 수백 년 동안 쌓인 폐단이자 고질병이 된 방납防納(공물을 대신 바치고 뒤에 높은 이자를 덧붙여 받는 것) 제도와 가혹한 세금은 사나운 호랑이보다 더 무섭습니다. 지금 바로잡지 않으면 나라의 근본이 무너질 것입니다.'라며 개혁을 호소했다. 예부터 호랑이보다 무서운 게 관료들의 악랄한 세금이라는 말이 있다. '가정맹어호苛政猛於虎'라는 공자 말씀이다. 이 말은 할아버지부터 손자에 이르기까지 3대가 호랑이에게 물려가 죽었음에도 그 지역을 떠나지 않는 까닭은 그곳 관리들이 공정한 세금과 백성에 대한 수탈이 없기 때문이라는 것이다.

그는 또 백성들의 마음[민심]은 하늘의 뜻[천심]임을 임금께 수시로 간했다.

"나라를 유지하게 하는 일, 그리고 기댈 곳은 인심뿐입니다. 인심이 와해되면 더 이상 어쩔 수 없습니다. 비록 위태롭고 어지러울 때라도 인심이 굳게 단결하면 나라는 안정되고, 뿔뿔이 흩어지면 위태롭습니다."

이와 함께 백성들의 자발적 충성을 끌어내는 구체적 방안도 건의했다.

"……… 고립된 성을 지키다 나라를 위해 목숨을 바친 충성스러운 선비, 전장에서 죽어 가면서도 용맹함을 보여준 의병들을 찾아 포상해야 합니다. 그들 처자식을 돌보아 나라가 그들을 잊지 않음을 알려야 충의가 생겨납니다. 또한, 백성들이 왜적을 잡아 획득한 것은 그 사람에게 주어 포상해야 합니다. ……"

훌륭한 나라는 예나 지금이나 군인에 대한 존경과 예우를 아끼지 않음을 그는 강조한 것이다. 그는 군무를 일탈한 병졸과 과격한 난동을 부린 백성들을 벌을 주기에 앞서 그들의 심정을 이해하고 다독거려 민심을 가라앉혔다. 의주 지역에서 도망친 군졸을 붙잡고는 이렇게 말한 바도 있다.

"평소 나라에서 너희들을 보살핀 것은 지금과 같은 위기에 쓰고자 함인데 어찌 군졸로서 도망칠 수 있느냐? 나랏일이 급박한 이때야말로 너희들이 힘을 합해 공을 세워야 할 것 아닌가."

또 선조가 서울을 버리고 달아나려 하자 난동을 부리는 백성을 이렇게 타일렀다.

"너희들이 성을 지키면서, 어가御駕(임금의 수레)가 성을 나가는 것을 원치 않는 지극 충성은 깊이 이해하며 고맙게 생각한다. 허나, 이것을 핑계로 난을 일으키는 것은 올바른 일이 아니다."

그리고 류성룡은 '인재 등용에는 서자건 노비건 아무것도 묻지 말고 오직 능력만 있으면 선출'되어야 한다는 것을 강력히 주장했다. 즉, '노비도 사람이며 백성이다. 따라서 그들도 병졸이 되어야 하며, 재능과 재주만 있으면 등용해야 한다.'라고 말이다. 그동안 양반은 양반이라서, 노비는 사람대접을 못 받는 물건 같은 사유재산이라 군역과 과세 대상에서 빠졌었다. 일반 백성, 상민들만 군졸이 되다 보니 그 수가 부족할 수밖에 없었고 국가 운영이 힘들었다. 조선은 왕의 나라이긴 하지만, 국가 운영은 선비와 고급 관료를 일컫는 지배층 양반 계급 사대부들이 좌지우지했다.

그런 한편, 조선은 노비의 나라였다. 노비는 남자 노예를 뜻하는 노奴와 여자 노예인 비婢를 합친 말이다. 임진왜란 당시 노비의 숫자는 전 인구의 40퍼센트가 넘는다는 주장이 설득력을 갖는다. 절반 가까운 백성이 노비라, 세상에 이런 나라가 나라였을까. 적게는 30퍼센트, 많게는 60퍼센트로, 그래서 대충 4, 50퍼센트로 추정하는데 고려 말기 10퍼센트 정도였던 것이 조선조에 크게 증가한 원인은 부모 가운데 한쪽이 노비면 그 자식은 무조건 노비가 되는 '일천즉천一賤則賤 제도 때문이다. 거기다 사화士禍나 역적으로 몰려 죽은 일가 친척 대부분이 노비가 되었고 빚을 못 갚아 스스로 노비가 되는 경우도 적지 않았다.

이렇게 노비가 너무 많이 늘어나자 종부법從父法과 노비종모법奴婢從母法이 오락가락 하면서 노비의 수를 줄여나갔다. 즉 남자 양민과 여자 노비 사이에서 태어난 아이는 부계를 따라 양민이 되고, 또 여자 양민과 남자 노비 사이의 아이도 양민이 되었다.

이에 류성룡은 노비, 특히 대부분을 차지하는 사노비私奴婢들을 군졸로 편입시켜 군인의 수도 늘리고 출세의 기회도 주어야 국가 운영에도 도움이 됨을 역설했다. 실제 군졸로 참전해서 일정 기간 복무하면 양민으로 신분이 바뀌었다. 대표적 인물이 장수 신충원이다. 미국은 불법체류자가 미군에 입대해서 복무를 마치게 되면 무조건 '시민권'을 주는데 서애는 벌써 450여 년 전에 이보다 더 혁신적인 제도를 운영했다.

그는 전후 나라를 올바로 되돌리기 위해서는 '묻지도 따지지도 말고' 이 시대가 절실히 요구하는 그러한 인재를 찾아 활용하자는 10가지 방법을 제시하기도 했다. 특히 눈에 띄는 방안은 다음과 같다.

　－무술과 정보력이 뛰어난 특수부대원과 첩보 활동을 할 수 있는 자.
　－화약을 잘 다루는 자.

－농사를 잘 알아 황무지도 개간할 수 있거나 염전 기술자.

－수학에 능통한 자.

－나라를 위해 목숨을 던질 수 있는 열혈아.

그는 전쟁이 끝나갈 무렵, 내일의 조선과 조선 백성을 위해 임금께 간곡하게 건의했다.

"백성들이 더 이상 전쟁의 고통을 당하지 않고, 지금의 원수를 갚아 치욕을 씻자면 병사를 기르고 식량을 비축하는 일은 10년을 해야 할 것입니다."

물론, 묵살됐고 조선은 그뒤 40여 년도 안 돼 병자호란이라는 또 한 번의 큰 치욕을 당했지만.

희망에서 절망으로, 신충원

신충원辛忠元, 그는 천민 출신이지만 전쟁에서 큰 공을 세워 조령鳥嶺 관문을 지키는 장수가 된 인물이다. 조정으로서는 개혁의 상징이었고 노비와 천민들에게는 희망과 삶의 아이콘이었다.

류성룡은 전쟁 이듬해인 선조 26년 조령鳥嶺(문경 새재)을 시찰하다가 성을 쌓고 있던 병사 신충원을 만났다. 신충원은 이곳의 험한 계곡을 이렇게 저렇게 활용하면 최소 병력만으로 조령을 지킬 수 있음을 구체적으로 제시하는 등 장수로서 뛰어난 재능을 보였다. 서애는 그의 충성심과 장군으로서의 재목임을 알아보고 선조께 추천했고, 그는 조령 관문 수문장 겸 둔전관에 임명되었다. 둔전이란 평시에는 일반인이 농사를 지어먹고 전쟁이 나면 군량미를 조달케 하는 제도로서 류성룡은 이 제도를 적극적으로 추진, 활용했다.

그는 조령 세 개 관문 가운데 가장 험한 제2 조계鳥溪 관문을 훌륭하게 축조하며 나라의 은혜에 보답했다. 순찰사의 보고에 따르면 '신충원이 백성을 모집하여 이곳 1백 장丈(사람의 키 높이) 깎아지른 절벽에 성을 쌓고 물을 막아 참塹(참호)을 만들었는데 중국의 산해관보다 훌륭했습니다. 한 사람이 능히 만 명을 대적할 수 있겠습니다.'라며 격찬했다.

그러나 나중에 참으로 안타까운 일이 벌어졌다. 류성룡이 파직 당하자, 북인이 주동이 된 반대파들이 들고일어난 것이다. 그의 제도 개혁으로 사노비가 군졸로 뽑히는 바람에 재산을 잃은 양반과 사대부들이 신충원을 희생양으로 삼아 보복한 것이다. 그들은 나라가 망하는 한이 있어도 서얼이나 천민을 등용하거나 면천시켜서는 안 된다는 것이었다. 그들에게는 나라와 백성보다 그들의 권력과 계급, 재산이 더 소중했던 거다.

그들은 신충원을 잡아다 무자비한 고문을 가해 '없는 죄'를 덮어씌워 교형絞刑(교수형)에 처하도록 상소문을 올렸다. 억지로 내세운 죄라는 게 무명 반 필을 뇌물로 받고 면천시켜 줬다는 것이다. '무명 반 필에 교수형'이라니, 삶은 소대가리도 웃을 일이었다. 선조도 이걸 보고 받고 '류성룡이 실권하자 이 자가 죄를 얻었으니, 이는 '엎더져 가는 놈 꼭뒤 찬다'는 속담에 해당하는 말인 듯 싶으니 다시 논의해야 할 것 같다고 말했다. 그러면서 그는 속으로 생각했을 것이다.

'네가 죄가 없다는 걸 알지만, 너를 살려주면 주위의 등쌀에 내가 죽을 판이니 어쩔 수 없다. 네가 죽어주어야지.'

결국, 신충원은 불귀의 객이 되고 말았다. 아! '눈물 나는 슬픈 조선의 민낯'이었다.

조령 제2관문
신충원의 넋이 어려있다.(출처 한국민족문화대백과)

5. 국수 급 바둑도 전략으로

"전하와 바둑 한 판을 겨뤄봤으면 좋겠소이다."

선조가 임진왜란 당시 의주로 피란해 있을 때다. 명나라 후
원군을 끌고 온 이여송 장군이 어느 날 통역을 보내 선조와
바둑을 한 판 두자고 요청해왔다. 바둑 한판. 뭐 문제 될 것
하나도 없고 거절할 핑계도 없다. 그런데 문제였다. 이여송은
바둑의 고수인데 선조는 바둑에 맹탕이기 때문이다.

"허 참. 이 일을 어쩐담."
"난감하구면."

"묘책이 없을까?"

결국 대신들은 바둑 고수인 류성룡에게 이 일을 맡기기로 했다.

"대감이 어떻게 좀 해 보셔야 할 것 같소이다."
"그렇다고 대놓고 훈수를 둘 수도 없고…. 할 수 없지. 계략을 쓰는 수밖에…."

실내는 갑갑하니 정원에서 한 판 두기로 했다. 햇볕이 내리쪼이니 선조와 이여송 옆에 각각 일산日傘(햇빛을 가리는 커다란 양산)을 받치는 사람이 필요했다. 그 일을 서애가 맡았다. 그리고 일산 한 곳에 조그만 구멍을 냈다. 임금이 돌을 놓아야 할 자리를 구멍을 통해 들어오는 햇빛으로 슬쩍 비춘 뒤 비키려는 꾀었다.

예의상 이여송이 흑돌을 잡았다. 좌외변 3·4번 소목에 첫 돌을 놓는다. 실리바둑의 정석이다. 서애는 햇빛 구멍을 천원天元에 가리키고는 비켰다. 천원은 10·10이 마주치는 바둑판의 정중앙이다.

"과연 전하이십니다. 혹시 전란으로 심기가 불편하셔서 소극적으로 나오시는가 했는데 과연 조선의 임금다우신 기개를 보여주셨습니다. 이번 대국은 보나 마나 소인이 졌습니다."

바둑에서 천원에 첫 착점을 하는 것은 중앙의 광활한 영토를 다 차지하겠다는 의지의 표명으로 여긴다. 실리적인 면에서는 '아니올시다'지만. 이날 바둑에서 류성룡은 미리 집 하나하나를 다 계산해서 둘을 승패 없이 '비김'으로 끝나게 했다. 양쪽 다 체면을 살려주고 기분 좋게 대국을 마무리했다. 정치가다운 지략이요 기지였다.

그의 바둑 실력은 전해 오는 바에 따르면 국수 급이었다. 바둑과 관련한 또 다른 이야기 하나가 있다. 《계서야담溪西野談》에 실린 것으로 임진왜란이 일어나기 전 해다. 하루는 그에게 2퍼센트 모자라는 사람으로 소문난 숙부가 찾아왔다.

  "뛰어난 정치인 조카. 바쁘겠지만 바둑 한판 두세."
  "그러시지요. 숙부님."

서애는 모처럼 찾아온 아재의 요청을 거절할 수 없었다. 그렇게 바둑이 시작됐다. 당대 국수 급 실력의 서애였으나 웬걸, 바보 소리를 듣는 삼촌한테 초반부터 밀리기 시작하더니 한쪽 귀를 겨우 살렸을 뿐 참패를 당했다. 삼촌은 껄껄 웃으며 '그래도 자네 재주가 대단하네. 조선 팔도가 다 짓밟히지는 않았으니 다시 일으킬 수 있겠구나.'라고 말해주었다. 서애는 깜짝 놀라 의관을 정제하고 절을 올리며 말씀드렸다.

"가르침을 주십시오, 숙부님. 무조건 따르겠습니다."
"사흘 뒤 한 스님이 찾아와 하룻밤 재워달라고 부탁할걸세. 정중히 거절하고 나한테로 보내게."

진짜로, 사흘 뒤 웬 낯선 중 하나가 찾아왔다. 숙부 말씀대로 그에게 보냈다. 숙부는 그를 보자마자 칼을 들이대고 물었다.

"웬 놈이냐? 순순히 대답하지 않으면 이 칼이 용서치 않을 것이다."
"사실대로 아뢰겠사옵니다. 목숨만은 살려주십시오."

그는 일본 풍신수길이 서애를 죽이려고 보낸 자객이었다.

"역사의 흐름은 바꿀 수 없어 그냥 살려 보낸다마는 왜군이 안동 땅 근처에 오면 큰 화를 면치 못할 것이다."

삼촌은 2퍼센트 모자라는 사람이 아니라 2퍼센트가 넘치는 기인奇人이자 이인異人이었다는 것인데, 그런데 이 설화에는 잘못된 곳이 꽤 많다. 왜냐하면 류성룡에게는 삼촌이 없다. 아버지 류중영은 할아버지 류공작의 외아들이기 때문이다. 삼촌은 없으나 할아버지 형제가 많아 5촌 '아재'는 여럿이다. 안동 지방에 내려오는 여러 설화에는 삼촌이 아니라 서애 형님인 겸암으로 전해지는데 오히려 설득력이 있다. 그러나 이 경우에도, 겸암은 서애 못지않은 뛰어난 학자요, 훌륭한 관료였기 때문이다. 결국, 삼촌이든 오촌 아재든 형님이든 서애 류성룡 주위에서도 그를 많이 도왔다는 이야기다.

《계서야담》은 조선조 후기 이희준李羲準이 편찬한 것으로 전 6권 312편의 이야기가 실려 있는 '카더라'식 설화집이다. 아무튼 실제로 임진왜란 때 안동 지역도 왜군의 칼날을 피하지 못했으나 하회마을만은 무사히 지나쳤다.

또 하나, 류성룡이 상주 목사로 재직 중일 때 일화다. 서울에서 귀한 손님이 와서 점심을 하면서 함께 바둑을 두고 있는데, 고을에 복잡한 송사가 일어난 데다 조정에 급히 보내야 할 공문을 바로 작성해야 할 일이 한꺼번에 터졌다. 서애는 바둑은 그대로 두면서, 형방을 불러 송사의 판결문을 불러주고 또 조정에 보낼 공문도 구두로 작성해 보내는 3가지 일을 한 치의 오차도 없이 해결했다. 손으로는 쌈도 싸 먹으면서. 이를 전해들은 후임 목사가 자기도 똑같은 상황을 만들어 시도했으나 실패하고, 과연 서애는 대단한 인물이라며 감탄했다는 일화도 있다.

그러나 안타깝게도 서애의 기보棋譜는 하나도 전해진 게 없으며 바둑에 관한 시문詩文도 보이지 않는다. 그는 시간이 없어 바둑도 즐기지 못한다고 술회한 적은 여러 번 있다.

바둑과 고누

"선생님, 바둑 한판 두실까요?"

"저, 바둑 못 두는데요."

"자네, 그럼 장기는?"

"장기도 모르는데요."

"이놈, 고누는 놓을 줄 아나?"

조선 시대 사대부는 다 바둑을 즐겼다. 바둑을 모르면 양반이라도 무시당하거나 결국 '이놈' 소리를 듣는 무식꾼이 되는 거다. 바둑은 수담手談이라고 해서 손으로 대화하는 고차원적 의사소통 수단이기도 했다. 이여송이 선조의 배짱을 시험하고자 바둑 한판을 요청한 것처럼 말이다. 고분에서 출토된 바둑돌이라든가 기록에 따르면 바둑은 이미 1,600년 전 신라 시대 때부터 상류사회의 놀이였음을 보여주고 있다.

류성룡은 역시 바둑 고수로 알려진 이산해와 수시로 수담을 통해 상대방의 의중을 떠보고 정국을 논의하곤 했다. 이와 달리, 선조는 초보 수준이었는지 제로 수준이었는지 몰라도 하여간 바둑조차 제대로 둘 줄 모르는 임금이었음이 틀림없었던가 보다.

6. 권율과 이순신을 지휘한 군사전문가

류성룡은 임진왜란을 처음부터 끝까지 두 어깨에 걸머지고
이겨낸 정치인이자 전략 전술에 뛰어난 군사전문가이기도 했
다. 전쟁을 치르자면 전략, 전술, 작전이 필요하다. 전략이란
외교전을 포함한 전시 국가 운영의 밑바탕 그림을 말한다. 전
술은 육해공군을 어떻게 효과적으로 운영할 것인가를 포함
해서 어떻게 전쟁을 치를 것인가에 대한 구체적인 기본계획이
다. 작전이란 싸우는 현장 곧 전장에서 벌이는 전투 방법을
말한다.

전쟁이 터졌다. 군사를 점검했다. 이건 완전히 당나라 군
대만도 못하다. 어느 지역의 경우 기록된 군졸 숫자는 대략 4

만이었으나 실제 복무 중인 수는 겨우 8천. 군량도 마찬가지였다. 조선 군졸 기준, 1만 명이 길어야 10일간 먹을 수 있는 양이 전부였다. 무기 또한 병졸들이 스스로 장만해야 했으므로 죽창과 몽둥이가 주를 이루었고 활조차 부족했다. 죽창과 활, 조총, 누가 봐도 게임이 되지 않는 무기다. 이것으로 어떻게 전쟁을 치를 것인가?

먼저, 군졸을 늘리기 위해서 양반도 징집했고 속오군束伍軍 제를 시행, 사노비인 천민도 군졸로 동원했다. 군량미를 보충하기 위해서는 앞서 얘기한 대로 둔전제를 활성화하고 모속제를 시행하고 공명첩을 발행했으며 작미법 등을 시행했다.

국방 체제도 바꾸었다. 그동안 국지전 중심의 제승방략制勝方略을 전면전에 대비할 수 있는 진관체제鎭管體制로 바꾸었다. 진관체제란 특정 지역[鎭]의 방어가 무너지면 인근 지역 진의 군대가, 또 무너지면 그다음 진에서, 그리고 주위의 진이 좌우로 협공할 수 있는 그런 전략이다.

전체적인 전쟁 계획으로 육지는 권율에게, 바다는 이순신에게 맡겼다. 그나마 있는 군졸들도 오합지졸이니, 훈련이 필요했다. 그래서 훈련도감을 설치했고 훈련 교범도 만들었다. 그가 펴낸 《병학지남兵學指南》이 바로 훈련교범이다. '지남'이란 지침서 또는 표준, 가이드라인을 이르는 말이다. 이 책은 중국의 병서《기효신서紀效新書》를 참고로 하여 조선 실정에 맞는 훈련 방법, 진지구축, 호령 규정 등을 그림과 함께 풀이한 5권 1책짜리 교범서다. 혹자는 이 책의 저술자가 누군지 모른다고 주장하기도 하나 정조 때 펴낸 해설집《병학지남 연의衍義》서문에 명확하게 나와 있다.

"선조는 또다시 류공 성룡으로 하여금 이 일을 모두 주관하게 하고 군무의 여가에 의심나는 부문을 질문하게 하여 조련하는 요점을 뽑아 인쇄해서 전국에 반포하게 하였으니 이른바《병학지남》이 이것이다."

서애는 임진왜란 직전 이순신에게 효과적인 전투 방법을 담은《증손 전수방략增損戰守方略》이란 병법서를 지어 보냈다. 이를 받아 본 이순신은 '해전과 육지전의 차이점, 그리고 화공법 등을 낱낱이 말했는데 참으로 만고에 특이한 뛰어난 전술이었다.'라고 감탄했다.

그는 또 치열한 전쟁 중이던 임진년 6월부터 여러 차례 진시무차陣時務箚(진중에서 급히 올리는 상소)를 통해 '서애식 병법'을 보고하고 실행을 요청했다. 몇 가지를 보면 이렇다.

−왜군의 허리 부대를 잘라 머리와 꼬리를 분리시킴으로써 그들을 외톨이 부대로 만들어 약화시킨다.

−무술이 뛰어난 특공대를 일본군으로 위장, 그들 진지에 침투시켜 밤낮으로 기습전을 펼쳐 궤멸시킨다.

−함경도 지방의 뛰어난 사냥꾼들에게 확실한 포상을 약속하고 그들로 하여금 매복과 기습의 산악전으로 적의 군량미를 탈취케 한다.

−우리가 잘 아는 지형지물을 활용해 적군을 아군이 유리한 지역으로 유인해 공격한다.

그리고 무엇보다 '일본군을 잡아야 손해'라는 소리가 나오지 않게 해야 함을 강력하게 요청했다. 즉 민간인이 왜군을 잡았을 때 전리품보다 많은 것을 내놓으라는 말단관리들 등쌀에 아예 일본군을 보고 신고하지도 잡지도 않는 일이 비일비재하다며 대책을 요청했다.

류성룡은 또 임진강의 전장 현장에서는 칡넝쿨로 꼰 동아줄로 강을 잇고 그 위에 버드나무와 흙을 덮는 방법으로 부교浮橋를 만들어냈다.

"나는 강가에 있는 군사들에게 각각 3, 4척 되는 짧은 통나무를 동아줄로 몇 번씩 감아 돌려 양쪽 끝을 팽팽하게 조이게 했다. 그러자 물에 잠긴 동아줄이 물에 뜨면서 통나무가 서로 잇댄 것이 빗살처럼 강물에 걸터앉아 활 모양의 둥근 다리가 튼튼하게 만들어졌다. 그 위에 가는 싸리나무 갈대를 섞어 펴고 흙을 덮었다. …… 명군이 이를 보고 매우 기뻐하며 다리 위로 말을 달려 지나갔고 화포와 군 장비를 모두 이 다리로 운반했다."

미국 사학자 헐버트(Homer B. Hulbert)는 '한국의 4대 발명품'으로 한글, 금속활자, 거북선, 그리고 이 부교라고 말할 정도였다.

임진강 부교浮橋
서애의 진두지휘로 임진강에 부교를 설치중이다. 헐버트 기록에 나와 있는 그림이다.(사진 류을하)

서애는 이뿐 아니라 성곽에 처음으로 포루砲樓를 설계한 《설책지법設柵之法》을 펴냈으나 당시에는 써먹지 못했다. 거기에는 포루의 효용성과 이중구조의 총포 설치 방법 등을 구체적으로 기록하고 있다. 그는 '훗날 나라의 앞날을 생각하는 사람이 나온다면 나의 말을 무시하지 말고 한번 활용해 보라'며 안타까워했는데 다행히 뒷날 정약용이 이를 활용해 세계적 문화유산으로 꼽히는 수원성 축조 때 활용하였다. 정약용이 정조로부터 수원성 건설에 관한 모든 설계를 명받자 '서애의 포루 설계를 포함한 축성 관련 기술서와 산성설山城說, 전수기의戰守機宜 등의 설계가 있음'을 보고하고 이를 바탕으로 성을 쌓았다. 한마디로 류성룡은 전략부터 작전까지 두루 꿰뚫은 문무를 갖춘 그리고 이론과 실제를 겸비한 위대한 인물이었다.

최종병기는 활인가, 조총인가

"오늘날 적의 형세로 보아 그 방비가 충분하오?"-류성룡

"그건 걱정할 필요가 없겠습니다."-신립

"그렇지 않소. 옛날에는 왜적이 창칼만 믿고 있었지만, 지금은 조총과 같은 우수한 병기가 있으니 가볍게 생각할 일이 아니오."
-류성룡

"비록 조총이 있다고는 하나 그 조총이라는 게 쏠 때마다 사람을 맞힐 수 있겠습니까?"-신립

지금으로 치면 육군 대장쯤인 신립이 조총을 아주 우습게 보고 있었다. 물론 개인의 견해이긴 하지만 당시 조정의 분위기를 읽을 수 있는 대목이다. 활과 조총, 둘 다 유효사거리는 100미터 안팎이다. 문제는 조총의 경우, 50보(1보는 1.2미터로 계산. 60미터) 이내에서는 갑옷도 뚫는 치명적인 살상 무기다. 당시 1보步는 지금으로 치면 2걸음에 해당한다. 즉 왼발에서 왼발, 또는 오른발에서 오른발까지의 거리를 말한다.

그러나 화살은 웬만해서는 갑옷을 뚫지 못한다. 뿐더러 활도 제대로 갖추지 못한 병졸들이 갑옷이 있을 리가 없으므로 피해가 클 수밖에 없었다. 이순신이 전사한 것도 조총에 맞았기 때문이지 화살이었다면 그 자리에서 숨지는 일은 없었을 것이다.

물론 조총은 쏘는데 활보다 더 많은 시간이 걸리므로 조총이 무조건 활보다 우세한 건 아니라고 할 수도 있다. 활은 특급사수면 1분에 8발까지, 조총은 30초가 필요하다. 그러나 3인 일조가 되어 조총을 쏘게 되면 연발총의 기능을 갖게 되므로, 화살에 견주어 늦은 시간을 상쇄하고도 그 위력을 발휘한다.

일본뿐 아니라 조선과 중국도 화총을 갖고 있었으나 한·중·일 삼국 가운데 일본 것이 가장 앞섰다. 일본은 조선 침략 50년 전인 1543년 포르투갈 무역을 통해 두 자루의 소총을 입수해서 개량에 개량을 거듭해 가장 성능 좋은 총을 갖게 되었다. 결국, 조총의 위력에 크게 당한 조선은 그 뒤 류성룡이 설치한 훈련도감에 조총 제작을 전담하는 부서를 만들어 성능이 향상된 조총을 만들기도 했다.

또 당시 갑옷은 요즘 방탄복 못지않은 성능을 지녔던 것으로 확인됐다. 류성룡이 도체찰사로 전투 현장에 나갈 때 입었던 갑주甲胄(갑옷과 투구)를 현대공법으로 비교 분석한 연구가 있다. 관련 논문에 따르면, 갑옷은 돼지가죽으로 만든 긴 네모꼴 비늘을 사슴 가죽끈으로 엮은 것으로 방탄 효과가 뛰어났다. 가죽끈으로 꿰매 연결한 부위에 쇠붙이가 사용되었는데 이 금속 소재가 지금의 기술 못지않다는 것이다. 열분석 엑스레이 등을 통해 분석한 결과, 철은 단조 공법으로 강철을 만들었는데 그 세기[강도]가 지금의 강철에 버금갔다. 또 표면을 덧씌운 금속은 납과 알루미늄과 주석이 90대 7대 3의 비율로 구성돼 있어 500년이 지난 지금까지 부식 없이 원형 그대로 보존되고 있다는 것이다. 그러나 이러한 뛰어난 기술도 전쟁이 끝나고 나서는 이어지지 못하고 아깝게도 사라져 버렸다.

임진왜란에서 조선군이 일찍 무너진 원인은 무기의 개발과 활용에서도 뒤졌지만, 양군의 사기는 상대가 되지 않았다. 류성룡이 선조에게 보고한 내용 가운데 하나다.

"왜적은 3가지 면에서 우리 군을 뛰어넘습니다. 조총, 창칼, 그리고 목숨을 가볍게 여기며 돌진하는 용맹성입니다. 특히 끓는 물에 들어가고 불 속에 뛰어들지라도 겁내지 않는 천하에서 가장 굳센 적이라 할 만하여 우리가 대적할 바가 못 될 지경입니다."

이러한 왜군과 억지로 끌려 나오다시피 한 조선군의 싸움이라. 그때나 지금이나 무기 플러스 군인정신이 없으면 전쟁은 하나 마나임을 임진왜란 참상이 우리에게 경고하고 있다.

7. 백성을 위한 의학자

'설사가 멎지 않을 때는 하완下脘을 …… 복부가 팽창하고 소
화가 안 될 때는 …… 갑자기 열이 나고 내려가지 않을 때는 ……
부인이 생리통으로 못 견뎌 할 때는 ……'

이건 《동의보감東醫寶鑑》이 아니라 류성룡이 쓴 《침구요결
鍼灸要訣》에 나오는 일부다. 귀향한 뒤 《징비록》을 쓰는 틈틈
이 쓴 《침구요결》은 그가 28세 때 사헌부 감찰로 재직 시 성
절사 서장관書狀官으로 북경에 다녀오면서 가져 온 명나라 이
천李梴의 《의학입문醫學入門》을 바탕으로 백성들이 쉽고 편리
하게 활용할 수 있도록 조선의 의학서로 펴낸 것이다. 그는

그 책을 펴낸 동기를 이렇게 말하고 있다.

'나도 하도 많이 아파봐서 아는데, 나와 있는 중국판 한의서漢
醫書는 읽기도 어려운데다 여러 갈래로 설명이 되어 헷갈리기 십
상이라 ……… 읽는 사람으로 하여금 한 번 보기만 하면 깨닫게
하여 달리 찾을 필요가 없게 했다. 장차 언해(한글)로 번역해 우
매한 아낙네라도 가히 이해할 수 있도록 했다. ……'

이 책은 현재 한독의약박물관 등에 소장되어 있다. 침과
뜸은 '지나친 기운은 내보내고 부족한 기운은 보태주는 치료
방법이다. 요령만 제대로 터득하면 한두 군데의 혈[經穴]만 가
지고도 충분한 효과를 볼 수 있다.'며 민간요법으로 활용되기
를 바랐다. 여기서도 '진심으로' 백성을 사랑하는 그의 한 단
면이 드러난다.

그의 말대로 이 책《침구요결》은 관련된 각종 그림과 그에
대한 설명이 아주 많음을 알 수 있다. 사진에서 보듯이 '인간의
몸은 입춘부터 동지에 이르는 24절후에 따라 변하고 적응하는
방법이 다르다'는 것을 도표로 아주 구체적으로 상세하게 예를
들어 설명하고 있다. 또 침을 놓는 자리라든가 방법 등은 지금
의 '고려수지침'을 비롯한 각종 침구 관련서에 나오는 그림과
거의 엇비슷해서 어느 것이 누구의 것인지 모를 정도다.

서애는 또 《의학변증지남醫學辨證指南》이라는 의학서도 펴냈다. 이 책은 한층 더 업그레이드 된 의학 및 의료지침서다. 그는 발병 원인을 내상內傷에서 발생하는 잡병과 외감外感에서 오는 질환으로 나누어 2권으로 집필했다. 그는 이 책에서 조선 사람의 발병 원인은 중국인과는 다르다고 설명한다. 내상병이란 인체 내부에서 원인이 되어 생긴 질환으로 주로 소화불량이나 원기부족 같은 것을 말한다. 외상병이란 외부에서 생긴 사기邪氣(요즘 말로 바이러스)가 침입해서 생기는 감기나 전염병 같은 것을 이른다. 그런데 중국에서는 외상병이 많은 반면, 조선은 풍토와 체질상 내상병이 주를 이룬다고 풀이했다. 때문에 중국에서 발달한 전염병 관련 온병학溫病學 같은 것은 우리에게 크게 도움이 되지 못한다는 것이다.

　이를 두고 현대 국내 의학자들은 당시 서애의 의학자로서 혜안에 감탄을 금치 못한다. 허준의 《동의보감》도 같은 차원에서 한의서漢醫書가 아닌 조선의학서朝鮮醫學書, 지금으로 말하면 한의서韓醫書를 펴낸 것이다. 그는 허준과 의술에 관해 서로 의견을 주고받을 만큼 의학적 지식을 지녔었다. 또 남영南嶸이라는 인물을 만나보고 그가 학문과 침구에 일가견을 지녔음을 알고 어의御醫로 추천, 침의鍼醫(침구 담당)를 맡게 했다. 그만큼 의학과 의술에 관심과 조예가 깊었다.

서애는 이 밖에도 당시로서는 농지개발의 한 방법인 '화전 일구는 방법'에 대한 구체적 요령을 작성해서 산지가 많은 지방에 내보냈다. 또 소금 제조와 염전 관리에 대한 지침서도 마련했다. 조선은 3면이 바다이나, 갯벌이 발달해 있고 없고에 따라 동·서·남해안의 소금 굽는 방법이 다르므로 이에 관해서도 구체적인 방법을 적어 해당 지역에 보내 활용토록 했다. 옛날에는 바닷물을 정제해서 큰 가마에 넣고 구워서 소금을 만드는 것이 대부분이었다.

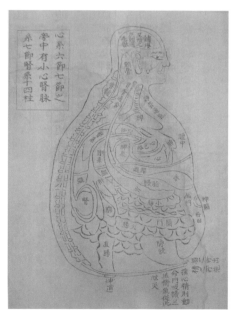

《침구요결》에 실린 신체도

《침구요결》에 실린 천지인물기후상응도

서애는 백성을 위한 의학서 《침구요결》을 써서 실생활에 필요한 의학처치 등을 해설하였다.(출처 한독약품 의학박물관)

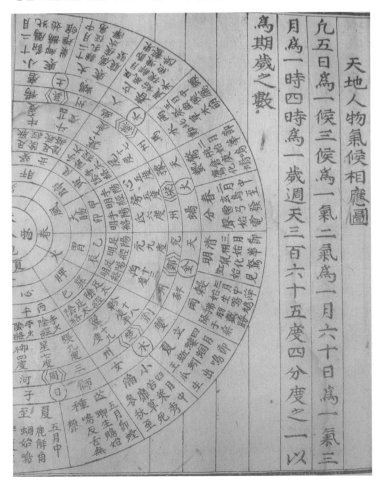

사직, 사직, 사직!

류성룡은 수시로 사직 상소를 올렸다.《침구요결》등은 은퇴 뒤 만년을 고향에서 지내면서 틈틈이 쓴 것이다. 아마도 권력보다는 시골로 내려와 이렇게 백성들을 위한 책도 쓰고 조용히 보내고 싶었던 마음에서 사표를 던진 것인지 모른다.

그의 사직 기준은 첫째가 충忠이다. 충에 어긋난다고 판단되면 가차 없이 사직상소를 올렸다. 자신에게 조금의 책임이라도 있다고 생각되면 어김없이 사표를 썼다. 자신의 능력에 넘친다고 여기는 감투 또한 마찬가지다. 다음은 효孝다. 연로한 어머니를 모시고자 여러 차례 사직원을 냈다. 서애라고 왜 자식 사랑이 없겠느냐마는 그것은 충과 효, 그 다음에 자리한다.

사직에 못지않게 그 자리를 맡을 수 없다는 거절 상소도 참으로 많다.《서애전서》에 기록된 그의 연보초록年譜抄錄에 나와 있는 것만 몇 개인지 하나하나 세어봤다. 물론 구두로 표현한 것을 제외한 문서로 된 기록만 센 것이다.

그의 첫 번째 거절 상소는 중앙관리 10년 차인 34살 때였다. 홍문관 부교리副校理에 임명되었으나 사양하고 부임하지 않았고, 같은 해 정5품 이조정랑吏曹正郎에 임명받았으나 역시 사양했다. 이후 임진왜란이 일어나기 전까지만 하더라도 무려 16차례나 거절 또는 사직을 상소했다. 특히 그가 예조판서 겸 홍문관 제학을 맡아있던 선조 18년, 정여립 사건(기축옥사)에 자신의 이름이 오르내리자 '이름이 거론된다는 것 자체가 죄인'이라며 '물러나야 할 다섯 가지 이유'를 써서 자신의 탄핵을 주청하기도 했다.

류성룡은 파면되기 전해인 1597년 '이순신을 파면해야 한다'는 모함이 일자 이를 반대하며 사직 상소를 냈고 이순신이 억울하게 파면되자 '그를 천거한 책임을 물어달라'며 3차례 차자箚剳(간단한 양식의 상소문)와 5차례 사직 상소문을 올렸다. 그리고 이듬해 선조 31년(1598년) 한 해에만 파면 직전까지 무려 16차례나 사직 상소를 올렸고 그해 9월 28일에는 스스로 자신을 탄핵하는 차자까지 낸 바 있다. 그러나 선조는 '경이 아니면 누가 이 난국을 헤쳐 나가겠는가'라며 모두 반려하고는, 얼마 뒤 살탈관직에 이어 '삭탈관작'으로 답했다.

그의 이러한 사직상소는 대부분 충忠에서 우러나온 것들이나 노모를 위한 효孝를 이행하고자 사직을 요청한 적도 여러 번이다. 홍문관 부제학과 정3품 승지承旨 시절인 선조 13년 그가 39살일 때 '노모를 봉양하고자' 여러 차례 사직을 요청한 바 있다. 그는 삭탈관직으로 파면당해 귀향한 뒤에도 몇번 더 거절 상소를 보냈다. 선조는 그를 '팽烹'한 뒤 아쉬웠던지 몇 차례 다시 벼슬을 제안했고 공짜 녹봉, 봉조하 하사도 제안했으나 서애는 이를 모두 거절했다. 결국, 기록된 것만도 그는 40차례 넘게 '사직을 허락해 주시옵소서.'라든가 '임명을 거두어 주소서.'를 냈다는 이야기다.

서애는 16살에 향시鄕試에, 22살에 생원초시生員初試에 합격했고, 이듬해 초시 합격생들끼리 서울에서 겨루는 회시會試 병丙과에 1등을 차지했다. 이후 25세에 정8품인 승문원 권지부정자權知副正字에 임명되어 중앙관리로 첫발을 내디뎠다. 이후, 예문관 춘추관 사헌부 사간원 홍문관 상주 목사 도승지 관찰사 예조판서 등등을 거쳐 임진왜란 발발 한 해 전인 선조 24년, 50세에 좌의정에 올랐다. 이듬해 전란 중에 반나절 영의정에 올랐다가 다음 해 영의정을 다시 맡아 전쟁이 끝날 때까지 무려 6년 동안 그 직을 수행했었는데, 33여 년 공직생활 내내 그의 주머니에 '사표'를 넣고 다닌 셈이다.

8. 이불에 곰팡이가 핀 이유

류성룡은 노년에 너무 많이 아팠다. 특히 고질병이었던 치질로 '엉금엉금 기어' 다닐 정도의 고통 속에서 보내기도 했다. 그가 말년에 한의서 두 권을 펴낸 것도 자신이 여러 가지 병으로 많은 고통을 겪었었기 때문에 백성들, 특히 촌로들과 부녀자들의 아픔을 헤아려 더 정성들여, 더 쉽게 썼을 것으로 보인다. 그는 자신이 '왜', '어떻게' 아프게 되었는지 '병후病候'와 '병근病根'이라는 제목을 붙여 상세하게 기록해 뒀는데 보물 160호로 지정됐을 만큼 가치 있는 내용이다. 세상을 떠나기 1년 전인 1606년 1월 3일, 못쓰게 된 책력 여백에다 쓴 일기체 기록을 본다.

'입이 마르고 음식 맛이 없으며, 가끔 쓴맛을 느끼기도 하며 혓바닥이 바싹 말랐다. 해가 돋은 뒤 기운이 조금 되살아나는 듯했으나, 오후 들어 심기가 불편해졌다. 밤에는 온몸이 나른해지며 추위를 느끼게 된 나머지 두꺼운 이불을 뒤집어쓰지 않을 수 없었다. 땀도 많이 흘렸다.

잠잘 때는 이마에서 두 발끝까지 모두 땀에 젖고 한기가 더욱 심해져 몸을 뒤척이느라 제대로 잠을 이룰 수 없었다. 잠을 깨고 나면 증세가 조금 나아졌으나 몸이 차갑기는 마찬가지다. 담으로 말미암은 호흡곤란과 심한 갈증은 조금 줄어들었다.'

그러면서 병의 뿌리, 곧 발병 원인을 이렇게 풀어썼다.

'병의 뿌리는 왜란이 터진 임진년(1592년) 가을과 겨울에 생겨났다. 6월에 가끔 안주安州(평안북도)의 백상루百祥樓라는 누각에서 지냈는데, 북풍을 그대로 받는 허허벌판 텅 빈 곳에 있었다. 이때 매일 밤 허한 기운과 열이 나고 가슴이 답답한 번열증煩熱症으로 잠을 이루지 못했고, 등을 똑바로 드러낸 채 쪼그리고 있어야 견딜 수 있었으므로 이불을 가까이할 수조차 없었다. 그 차갑기가 쇠와 같이 되고 나서야 비로소 그 자세 그대로 잠들었다. 1593년 1월부터 4월까지는 동파東坡(파주 근처) 고개의 산과 계곡에서 노천 상태로 지냈는데, 이렇게 야외에서 머무를 때 한기

와 습기를 많이 받았다. 이러한 것이 이 병의 근원이다.'

그래서 '서애의 이불에는 곰팡이가 피었다'는 일화가 전해진다. 얼마나 아팠으면 쪼그린 채 밤을 지새웠을까? 새우잠조차 못 자고 얼마나 괴로웠으면 이불조차 덥지 못하며 앓았을까?

직접 쓴 자신의 병원
자기 몸 상태를 확인하고 그 원인을 자세히 살펴 기록하였다.(사진 황헌만)

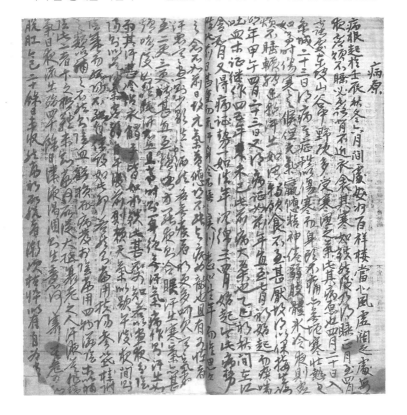

그는 왜란 중에 대부분을 영의정 직책 외에 평안도를 포함 경상 충청 전라도의 도체찰사都體察使(지금으로 치면 지역 전투사령관 겸 민정 책임자)를 겸직했다. 따라서 조정의 일과 함께 전장을 누비는 전투 책임자이기도 했다. 그는 군졸이 죽을 먹으면 함께 죽을 먹고 굶으면 같이 굶고, 허허벌판에서 이불도 없이 노숙을 일삼았으니 병이 날 수밖에 없었으리라. 백성들이 피죽도 못 먹어 굶어 죽는 광경을 보는 것 또한 아픔을 더하게 만들었을 것이다. 뿐이랴, 군량미를 구하기 위해 동분서주할 때는 민폐를 우려해 길가 볏짚에서 잠을 잤으니 더 이상 할 말을 잊게 한다. 거기다, 허구한 날 싸움질로 지새는 조정의 일로 마음도 몸도 더 아팠을 것이다. 병에 관한 이야기는 계속된다.

'1593년 4월 20일 서울로 들어갔고, 23일 병을 얻었는데 그 증세가 상한傷寒(일종의 감기증세)와 흡사하였으나 몸과 머리는 아프지 않았고 심하게 춥거나 열이 나는 증세도 없었다. 평상시 감기 증세와 비슷했으나 원기가 떨어지고 정신이 나약해졌으며 팔다리가 얼음처럼 차가웠다. 밤에는 허한 기운과 번열(더위 먹은 것 같은 괴로움)로 잠을 이루지 못하고 몸을 뒤척이며 아침에 이르러서는 땀이 비 오듯 쏟아졌다. 그러나 음식만은 심하게 꺼리는 지경에 이르지 않았으므로 목숨을 유지하고 살길을 찾을 수 있었다. ......

　다음 해인 갑오년(1594) 4월 23일에는 지난해와 같은 병을 얻었으며 두 달 반을 앓고 7월 초에야 병석에서 일어났다. 그러나 가래가 끓고 숨이 찬 담천과 피를 토하는 증세는 계속 일어났으며 4, 5년 동안 그치지 않았다. 이것이 지난 병력의 대강이다. ......'

　서애는 이해 가을, 그러니까 숨지기 1년 전쯤, 옛날과 비슷한 증상으로 몇 달을 고생했다. 다르다면 전과는 달리 음식을 먹고 싶은 생각이 전혀 없다는 것이었다. 그리고 낮이면 병세가 호전되나 밤이면 새벽까지 오한과 땀으로 온몸이 얼음처럼 차가워지는 고통 속에서 보냈다고 말한다. 그러면서 음양으로 따져볼 때 어디를 보강해야 좋을지 모르겠다고 말하기도 했다.

　아무튼 나이 들면, 땀이든 혈액이든 정기精氣가 부족해서 생기는데 40여 일을 땀으로 지쳤으니 원기가 고갈되어 생명이 위태로운 것 같다고 자신의 건강을 진단하기도 했다. 참으로 안타까운 노재상의 모습이다.

청백리

　류성룡은 조정에서 완전히 물러난 4년 뒤인 1602년 청백리
에 선정됐다. 청백리淸白吏란 '청렴결백한 관리'다. 정부 재산
이든 개인 것이든 남의 돈을 탐하지 않은 깨끗한 관리다. 그
런데 예나 지금이나 그것이 쉽지 않다. 조선조 518년 동안 청
백리에 뽑힌 인물은 모두 218명에 지나지 아니하다. 단순 평
균을 내면 2.4년마다 한 명꼴에 지나지 않는다.

　청백리는 '가난'이 절대적 필요조건은 아니다. 가장 중요한
기준이라면 염치廉恥. 곧 그 위치에서 체면과 부끄러움을 아
는 것이라 하겠다. 물론 거기다 청렴결백, 검소함, 공경과 효
심, 베푸는 후덕함, 어질고 올바른 생각과 행동거지라는 예의
는 기본이다.

　숨진 뒤에도 심의대상이 되는데 역시 선정과정은 꽤나 엄격
했다. 각 도에서 올라온 후보와 삼정승, 사헌부, 사간원에서
추천된 사람을 대상으로 당시 행정부 최고기관인 의정부議政
府에서 심의한 뒤 임금이 최종 결재한다. 선정되면 승진 증직

贈職(사후에 직급을 올려 주는 것), 그리고 자손들에게 특채를 주는 등의 혜택이 주어진다.

당시 조정에서 청백리를 뽑는데 서애가 후보에 들어있었다. 반대파인 서인 백사 이항복이 추천한 것이다. 서애에 대한 탄핵 논의로 시끌시끌했던지 몇 해 지나지 않은 시점이다. 이항복이 그를 추천하면서 '서애가 숨겨놓은 금은보화가 곳곳에 넘쳐난다'며 그를 참소했던 사람들은 낯이 뜨거울 것'이라고 말하기도 했다.

그가 세상을 떠나자 상喪 치를 돈조차 없어 주위에서 부의를 모아 보냈고, 남긴 재산이 없어 자식들은 추위와 굶주림에 시달렸다. 류성룡의 청백리 정신은 지금껏 대대로 이어오는 서애종가 충효당 생활문화의 바탕이기도 하다.

9. 서울을 떠나며

류성룡은 선조 31년 1598년, 모든 관직에서 쫓겨나 귀향 길에 오른다. 11월 19일 영의정에서 파직당한 다음 날 곧바로 서울을 떠났다. 임진왜란을 온몸으로 막으며 고군분투한 7년을 끝으로 33년에 걸친 관직을 마감하고 고향으로 가는 길이다. 이틀 뒤, 일행은 양주의 용진龍津 나루를 건너 도미천渡迷遷(지금의 팔당 지역)에 이르렀는데 서울의 남산이 보이는 곳도 여기가 끝자락이라 그는 말에서 내렸다. 임금과 궁이 있는 서울을 향해 4번 절하고 한 편의 시를 읊었다.

전원으로 돌아가는 길 삼천리	田園歸路三千里
임금의 깊은 은혜 입은 지 40년	帷幄深恩四十年
도미천에 말 세워놓고 뒤돌아 보니	立馬渡迷回首望
남산은 옛 모습 그대로 의연하구나	終南山色故依然

자신을 버린 임금을 원망하지 않고 그래도 신하로서 예를 다해 하직 인사를 올린 것이다. 인간의 마음은 이해관계에 따라 바뀌기도 하지만 저 남산의 푸른 소나무만은 옛 모습 그대로의 의연함에 서애는 또 다른 감회에 젖었다.

서울서 고향 하회는 천 리 길이다. 얼마나 멀고 힘들었으면 '삼천리'라 표현했을까? 그의 발길은 몸과 마음 모두 가볍지만은 않았을 터. 서애는 그래도 말을 타고 낙향 길에 나섰지만, 식솔들은 모두 걸어갔다. 물론 돈이 없어서다. 명예로운 퇴직이 아니라 파면이라 조정에서 한 푼의 노자도 한 필의 말도 그 어떤 것도 지원하지 않았기 때문이다. 그는 다음날 곧바로 고향에 있는 아들에게 '여비를 조금이라도 마련해서 보내달라'며 급히 사람을 보내기도 했다. 여기서 참으로 서글픈 블랙코미디 하나가 펼쳐진다. 하회에 있는 가족들도 '생활비 좀 보내달라'며 서울에 계신 아버지에게 긴급지원을 요청할 즈음해서 아버지의 소식을 듣고 아연실색했다.

서울을 떠난 지 일주일, 양평의 양근 근처에 사는 친척과 진사進士(초급관리) 김언수가 각각 쌀 몇 말씩을 보태주어 다시 길을 떠났다. 30일 충주를 지나 다음 달 초하루 덕산촌德山村이라는 데서 묵었다. 충주에서 그곳까지 산골길이 좁고 험한데다 큰 눈까지 몰아쳐 지척을 분간할 수 없는 어둠 속에 빠지기도 했다. 하인이 부싯돌을 쳐서 간이 횃불 대를 만들어 간신히 마을에 도착해보니 벌써 한밤중이었다. 12월 5일, 경상도 봉화의 태백산 아래 도심촌道心村에서 그곳으로 피란 나와 있던 노모를 만났다. 가속들을 고향인 하회로 미리 보낸 뒤 류성룡은 노모와 그곳에서 한겨울을 지내고, 다음 해 2월에야 귀향했다. 그는 귀향길에서 자신이 파직당하던 날 새벽 이순신이 노량전투에서 전사했음을 듣고 '이 통제사를 애도함哀李統制使'이란 시를 읊었다.

한산도와 고금도는

대해에 떠있는 몇 점의 푸른 섬일세

당시의 백전노장 이순신 장군은

혼자 힘으로 하늘의 절반을 받들어 지탱했네.

고래 같은 흉적 쳐 죽여 거친 물결 피로 물들였고,

맹렬한 불길로 풍이馮夷(오랑캐 소굴) 같은 왜적 소굴 다 태웠네.

전쟁의 공은 컸지만, 시기와 모함 덫 피하지 못하면서도 거리낌 없이 분투하다 나라 위해 몸 바쳤네.

그대는 못 봤는가 현산峴山 동쪽 기슭 비석 앞에,

양공羊公(진 나라 장수) 타계 후 사람들이 흐느껴 우는 것을.

처량하구나 몇 칸의 민충사는

연년이 비바람에 훼손돼도 수리조차 못했는데,

수시로 지네 나오는 사당에 소리 없는 곡성 들리네.

체면부터 삭탈관작까지

체면遞免, 사직辭職, 상소上疏, 차자箚子, 파직罷職, 파면罷免, 삭탈관직削奪官職, 삭탈관작削奪官爵⋯⋯. 옛날 문헌에 나오는 '관직을 물러날 때 관계되는 용어'들이다. 류성룡이 겪은 사항을 보면서 하나하나 살펴본다.

그는 선조 31년 1598년 10월 9일 영의정에서 체면되고 후임에 최홍원이 임명된다. 낯선 용어 '체면'은 '교체해서 직위를 면하게 한다' 곧 직책에서 벗어나게 하는 것으로 직위해제나 보직해임과 같거나 비슷한 용어다. 영의정 직책에서 물러나게 하고, 정1품 정승 직위는 유지하는 것이다. 쉽게 말해 4성 장군 육군 대장이 참모총장에서 물러났다고 해서 4성 장군이 아닌 것은 아니다. 그렇다고 다른 보직이 주어지지 않은 채 어정쩡한 상태로 40일이 지난 11월 19일 느닷없이 파직된다.

당시의 선조실록 편을 읽어보면 누구든지 열불 나게 한다. 그가 영의정을 그만둔 다음 날인 1598년 10월 10일. 사헌부 사간원이 동시에 '류성룡을 파직하라'며 상소장을 올린다. 이후 11월 19일 아침까지 성균관 유생까지 동원된 '파직 상소'가 10여 차례 더 선조께 올라온다. 드디어 19일, 그는 사헌부의 파직 상소에 'OK' 사인을 한다.

서애는 10월 9일 체면된 이후에도 3번에 걸쳐 '사직'해 줄 것을 요청했으나 선조는 그때마다 휴가를 주는 등 뭉개고 있다가 '파직'이라는 처벌로 임진왜란의 고생에 '보답'한다. 파직은 해임이 아닌 파면이다. 해임은 정상적인 퇴직이나 파면은 처벌이다.

그는 연초부터 사직서를 올렸으나 그때마다 받아들여지지 않았다. 9월 들어서만도 스스로 자신을 탄핵하는 차자 상소를 올렸고 29일에도 한 차례 더 사직상소를 냈으나 윤허하지 않았다. 그러다 파직도 그냥 파직이 아니라 '삭탈관직'이라는 최악의 처벌을 내렸다. 그것은 벼슬과 품계를 빼앗고 벼슬아치 명부에서 이름조차 빼 버리는 최고의 처벌이다. 말하자면 더 이상 정승이란 이름을 쓸 수도 없고 영의정 기록마저 없애 버린다는 것이다.

명나라에 다녀오느라 뒤늦게 서애가 파직당해 쫓겨난 것을 알게 된 좌의정 이원익이 분노를 참지 못해 선조에게 항의했고 이것이 거부당하자 자신도 사직상소를 올렸다. 그러자, 선조는 '같은 전주 이씨 친척으로서 나를 버리고 어디를 갈 것인가?'라며 달랬다. 반대파인, 서인 우의정 이항복도 크게 항의하면서 서애의 처벌을 되돌려놓지 않는다면 '자신도 처벌해 달라'고 요구하기도 했다.

그러나 이것으로 '보상' 아닌 '보복'이 끝난 것이 아니었다. 이번에는 '삭탈관작'해야 한다는 상소가 삭탈관직 바로 다음 날부터 이어졌다. 삭탈관작, 곧 그에게 주어졌던 작위爵位, '풍원부원군'마저 박탈해야 한다는 거다. 이러한 상소는 사헌부, 사간원에 더해서 홍문관까지 가세해 보름 넘게 13차례나 이어졌고 선조는 그가 고향에 도착하기도 전인 12월 6일 상소를 받아들여 '삭탈관작'해 버렸다. 거기에 더해서 '호성공신, 광국공신' 명부에서도 삭제했다. 한마디로 귀족 양반 신분을 박탈해 버린 것이다.

이해 못 할 선조의 이러한 행동은 어디서 나온 걸까? 임진왜란이 어느 정도 마무리되어 가자 선조는 류성룡과 이순신이 부담스러웠다. 무슨 핑계로 팽烹할 것인가를 고민하는 것을 눈치챈 북인 등 반대파들이 '기회는 지금'이라며 삭탈관직에 이어 '삭탈관작'까지 요구하는 상소'를 들고 일어난 거다. 핑계는 두 가지.

하나는, 앞서 말한 정응태 사건에서 중국에 진사陳謝 사절단으로 자청해서 가지 않은 불경을 저질러 사직을 능멸했으며, 둘은, 수운정을 포함한 호화 정자가 팔도에 널려 있으며 쌓아 둔 재물이 도처에 넘쳐나는 부정부패를 저질렀다는 것이다.

임진왜란 7년 동안의 공적 한 마디는 고사하고, 하다못해 전란 중에 무언가 잘못 대처했다는 사례 하나도 넣지 못한 채 말이다. 그럼에도 선조는 삭탈관직, 삭탈관작이라는 말도 안 되는 상소를 그대로 받아들인다. 선조는 그동안 서애에게 이렇게 말한 바 있다.

'경卿(서애)과는 군신 관계의 의리라지만 정분은 친구와 같다.'
'류성룡은 마음을 감복시키는 군자이자 크게 어질고 지혜로운 사람이다.'

조선왕조실록 데이터베이스를 살펴보면 류성룡에 관한 글이 1,208건이나 뜬다. 대부분 임진왜란 전후 10년간 기록이니 임진왜란 중 그의 위상이 어떠했는지를 보여주는 또 하나의 사례라고 하겠다.

파직에 이은 파작이라는 어명을 받은 서애의 심경은 얼마나 괴롭고 힘들었을까마는, 그는 의연했다. 한치의 흔들림도 없었다. 반면, 후학들과 양심 있는 지방 관리들이 '이러면 안 됩니다'라며 선조에게 진정서를 올리고자 했다. 그러나 서애는 오히려 살아있음에 백성들에게 미안해했고 임금의 은혜에 고마워했다. 아마 이때도 뇌리 깊숙이 박혀 있던 그 참상이 떠올랐는지 모른다. 그는 이 모든 것에서 초연하고 의연했다.

삭탈관직 이듬해 6월, 선조는 빼앗은 직첩을 되돌려주었으나 또 사헌부, 사간원, 홍문관 3사司가 아우성치자 도로 회수해 간 바 있다. 물론 한참 지나 서애가 세상을 떠나기 몇 해 전 선조는 이 모든 것을 되돌려주는 서훈敍勳을 내리긴 했지만. 그러자 서애는 '작위고 훈장이고 공신록이고 녹패고 어의의 파견이고 초상화고 다 필요 없으니 다시 거두어 가시라'며 거절하는 기개를 보였다.

'평생에 못 이룬 세 가지 가운데 하나가 도를 공부하는 것'이었다는 그는 이때 이미 도의 경지에 이르러 '나물 먹고 물 마시며 사는 삶'에 만족했던 것 같다. 아마도, 어쩌면 선

조는 이순신이 전사하고 류성룡을 삭탈관직 해버린, 그날
밤 모처럼 두 다리 뻗고 편히 잤는지 모른다.

한편, 서애에 대한 평가 가운데 짧고 선명하게 쓴 것 하
나를 본다.

'선조가 나라를 중흥하던 때에 공을 세운 사람 많았으나 그
중에 누가 제일인가? 바로 문충공(류서애)이요. 퇴계 선생이
도산에서 선비들을 가르칠 때 온갖 재능 가진 분 모였으나 그
누가 적통을 이었는가? 역시 문충공이로다.'

고종황제 때 서애를 위한 사제사賜祭祀(나라에서 제사를
올리는 것)에서 독립운동가 이남규가 왕명으로 지은 제문
이다.

10. 문충공 류성룡과 충무공 이순신

류성룡 없이 이순신을 논할 수 없고 이순신을 논하면서 류성룡이 빠질 수 없다. 그렇다면, 서애와 이순신의 만남은 우연일까 필연일까? 이들 덕에 나라를 구한 조선의 처지에서 보면 '필연'이랄 수 있고, 같은 날 이순신은 전사하고 서애는 삭탈관직을 당한 건 '우연'인지도 모른다.

군신 이순신과 하늘이 낸 조선의 장자방(한고조 때 공신) 류성룡의 만남은 역사를 바꾸었다. —박종평

류성룡이 이순신을 등용 한 건 바로 나라를 중흥시킨 큰 기틀. —허균

이순신은 서애가 발탁하지 않았다면 맹세코 말하건대 개천에서 그냥 ……. ―이익

서애의 국난극복에 중점을 둔 건 '국민의 힘'이었고 이순신과 함께 '나를 죽여 나라를 살린 망신순국亡身殉國 정신'을 발휘했다. ―이재호

류성룡과 이순신의 만남은 모든 시대를 뛰어넘는 가장 위대한 만남이다. ―송복

이들 두 위인의 만남은 소싯적부터다. 서울 중구 묵정동 대한극장 앞에서 서애로 쪽으로 가다 보면 서애가 어릴 때 살았던 집터 표지석이 있다. 바로 그곳에서 둘의 인연은 시작된다. 둘은 한동네에 살았으며 나이는 서애가 세 살 위다.

'나는 어릴 적 남산 밑에 살았는데 처음에는 이웃에 살던 이순신의 형 이요신과 친구였다. 그래서 일찍부터 동생 순신이 무예 익히는 걸 가까이서 보아 그의 남다른 재능을 누구보다 잘 알고 있었다. 그는 특히 어릴 때부터 활과 화살을 만들어 갖고 놀기를 좋아했으며, 같은 또래에 견주어 담력이 크고 말 타기, 활쏘기에도 능했다.'

서애의 말이다. 그는 이순신의 사람 됨됨이도 눈여겨 봐왔

다. 잘 알려진 바대로 전쟁놀이 가운데 어떤 행인이 그의 진지를 지나가려 하자 '여기는 군사지역이니 둘러 갈 것'을 요구했고 이를 거절하자 활을 겨누어 쫓아낸 적이 있다. 류성룡은 그가 '언젠가 나라에 큰일을 할 인물'로 '찜'해 두었다.

이순신은 뒤늦게 무과에 올라 두만강 하구 녹둔도에서 육군 초급 장교 격인 녹도만호로 10여 년을 보내다 조그만 시골인 정읍 현감으로 재직 중이었는데, 그를 서애가 지금으로 말하면 해군 사령관 격인 수군절도사로 추천했다. 현감 기준 3등급을, 전방 초급지휘관을 놓고 본다면 무려 7등급을 올려, 그것도 육군 장교 출신을 해군 사령관으로 임명토록 한 것이다. 당연히 조정에서는 난리가 났고 '위계질서가 흐트러지니 아니 되옵니다'라는 내용의 상소가 빗발쳤다. 그러나 웬일인지, 나라를 살리라는 신의 뜻인지, 선조는 '서애 말을 믿는다'며 이순신의 임명을 강행했다.

이후 왜군과의 전투에서 17전 전승으로 혁혁한 공을 세운 그는 모함을 받아 죽음 문턱에서 살아났으나 곤장을 맞고 하옥된 바 있다. 정유재란이 있은 그해 4월 초하루, 그는 옥에서 풀려났고 서애는 이날 하인을 보내 위로했다. 이순신은 다음 날 서애를 찾아가 둘은 밤새 술을 마셨다. 《난중일기》 4월 2일자 기록이다.

'비, 종일 오다. 여러 조카와 함께 이야기하다. …… 어두울 무렵 성으로 들어가 류정승과 이런저런 이야기로 닭이 울어서야 헤어져 나왔다.'

하옥을 위로하기 위해 바로 전날 찾아온 지인들과 밤새 취했던 그는 이날도 이야기 반 술 반으로 밤을 꼬박 새웠다는 말이다. 둘은 무슨 이야기로 밤을 새웠을까? 어떤 말이 오갔는지는 두 사람의 어떤 기록에도 없다. 이순신은 나이 들어서도 사적인 만남에서는 류성룡을 '형님'으로 부르며 잘 따른 만큼 아마 이날도 서로 위로하며 격려하며 '술잔에 담긴 술보다 많은 사나이 눈물'을 함께 흘렸으리라.

여기서 잠깐 이순신의 호[雅號]와 자字에 대해 살펴보자. 그의 자는 여해汝諧다. 자는 당시 15살 성인이 되면, 대체로 아버지 또는 할아버지가 지어 주는 또 하나의 이름이다. 그러나 여해는 그의 어머니 변씨의 작품이다. 《서경書經》에 나오는 순舜 임금의 '오직 너[汝]만이 세상을 고르게[諧] 할 수 있다'는 말에서 따와 지었다. 한 마디로 순임금 같은 훌륭한 사람이 되라고 지어 준 이름이다. 위인의 어머니는 항상 뛰어났고 강했다.

그의 호는 덕암德巖으로 알려져 있다. 역사학자들은 무인들은 예부터 아호는 별로 사용하지 않았다고 말한다. 그래서인지 실록에 보면 류성룡을 서애라고 일컫는 것은 많으나, 이순신의 경우는 대부분 자인 '여해'만 나온다.

현충사에 보관된 보물 326호 이순신의 장검에는 그의 친필 검명劍銘 '삼척서천, 산하동색三尺誓天, 山河動色(석자 장검 높이 들어 하늘에 맹세하니 산과 들이 파랗게 떠는구나)'이 새겨져 있다. 이 말은 서애가 정충록 발문에서 쓴 '척검서천 산하동색'에서 '검을 들어 하늘에 맹세하니…'를 이순신은 장수답게 '석자 장검 들어'로 바꿨을 뿐이다. 그만큼 이순신은 류성룡을 존경하고 따랐다는 이야기다.

류성룡 또한 이순신을 얼마나 아끼고 존중했느냐는《징비록》에 '제장이위신諸將以爲神.' 즉 '여러 장수들이 모두 이순신을 신으로 여겼다'는 글로 마지막 문장을 장식해 그를 기렸음을 볼 수 있다. 서애는 이순신이 모함을 당하자 '그를 추천한 자신을 벌해 달라'며 10여 차례 차자와 사직상소를 올렸고, 이순신은 '자신으로 말미암아 서애가 다쳐서는 안 된다'며 여러 차례 말린 바 있다.

가장 극적이자 운명적 만남은 헤어짐의 순간이다. 임진왜란의 마지막 전투 노량해전이 벌어진 선조 31년 1598년 11

월 19일. 이날 새벽 이순신은 달아나는 왜군을 '한 놈도 살려 보낼 수 없다'며 갑판에서 전투를 독려하다 적의 유탄에 맞아 장렬히 전사한다. 같은 날 아침, 서애의 사직상소를 '안 된다'며 끝까지 불허하던 선조는 삭탈관직이라는 처벌로 그간의 공로를 뭉개버린다.

역사에서 만일이 없다지만, 만일 이날 이순신이 전사하지 않고 대승으로 전쟁을 마무리 지었다면 그는 어떤 포상을 받았을까? 아마도 그는 포상 아닌 처벌. 그것도 참형 아니면 사약, 아주 잘해야 유배 후 사약. 최상이라면 삭탈관직에 더해서 곤장 100대에 하옥이었을 것이다. 죄명은, 어명을 어기고 왜군을 무찔렀기 때문이다. 당시 왜는 명과 협상을 통해 '안전하게 철군'하기로 약속했고 선조도 이를 묵인했었기에 그 정도 핑계는 충분했을 것이다. 그간의 선조 행각을 보면 그러고도 남을 위인爲人이니까. 많은 학자가 이순신의 이날 죽음을 '이러한 일을 예측하고 스스로 비무장 상태로 전투를 치르지 않았나?' 추측하는 것도 같은 맥락이 아닐까?

아무튼, 이들 둘은 직급으로야 엄청 차이가 났지만, 선후배로서 친구로서 전우로서 형제 같은 사랑으로 평생을 함께했음을 많은 기록은 전하고 있다. 우연이든 필연이든 운명적 만남과 헤어짐은 그렇게 해서 끝이 났다.

서애의 시호는 문충공이고 이순신은 충무공이다. 둘 다 문관 무관으로서 받을 수 있는 가장 높은 시호다. 남들이 따를 수 없는 위대한 역사적 인물이지만 둘 다 공식적인 초상화, 영정이 없다. 둘 다 '애국'에 관한 한 몸을 불살랐지만, 조정으로부터 돌아온 건 하옥이었고 파직과 파작이었다. 둘은 서로를 존중했으며 상대방을 아끼고 서로를 위해서라면 목숨조차 아끼지 않았다.

이순신의 장검

칼날에 서애의 글귀가 새겨져 있다. 현재 아산 현충사에서 보관하고 있다.

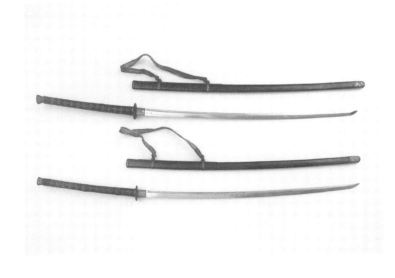

못난 임금 선조

조선조에서 가장 못난 임금을 꼽으라면 서슴없이 선조宣祖라고 말하고 싶다. 그에 대한 역사학자들의 공통적인 평가는 이렇다. 선조는 조선조 임금 가운데 처음으로 왕자가 아닌 왕실의 방계출신 서자 아버지의 3남으로 태어난 정통성 부족과 열등감에 휩싸인 임금이었다. 그래서일까? 그는 무능과 무소신은 기본인 데다 비겁함과 저질에, 의심 많고 뻔뻔하며 사악하고 잔인했다. 그가 못난 4가지 이유는 이렇다.

하나, 임진왜란을 제대로 대처하지 못해 수많은 백성을 죽음으로 몰아넣고 나라를 거지꼴로 만든 무능이다. 전쟁터에서 싸우다 죽은 병사들 포함, 많은 백성이 병사 또는 아사餓死(굶어 죽음)했고 포로로 잡혀갔다.

둘, 선조 22년 기축옥사己丑獄事(기축사화로 불리기도 한다) 때 사대부 1,000여 명을 처벌한 잔인함이다. 기축옥사란 '정여립이 반란을 꾀하다'는 투서(고변告變) 하나로 그와 관련된 관리, 학자, 문인 등을 몽땅 죽이거나 귀양 혹은 재산몰수와 함께 모두 노비로 만든 사건이다. 정여립과 아는 사람을 안다는 것 하나로 모두가 역모, 역모 모의, 역모 미고지 등의 죄를 뒤집어쓰고 희생된 것이다. 이발李潑의 경우, 장살杖殺(때려죽임. 능지처참 다음으로 가장 잔인한 형벌)되었고 그의 팔순 노모와 8살 아들도 혹독한 형벌로 처형됐다. 처벌 당사자만 1천 명이라 그에 딸린 식솔 등 피해자는 얼마나 됐을까? 이러한 피해는 그 이전에 발생했던 조선 4대 사화士禍로 불리는 무오·갑자·기묘·을사사화 등으로 당한 피해자 600여 명 보다 더 많은 전대미문의 대 학살사건이다.

셋, 붕당朋黨 정치를 부추겼다. 붕당이란 끼리끼리 패거리 정치를 말한다. 붕朋은 공公이며 당黨은 사私다. 당黨 자를 쪼개보면 숭상한다는 상尙 자에 검을 흑黑 자다. 검은 것, 곧 악을 숭상한다는 글자이니 붕당이란 악의 패거리란 말이기도 하다. 붕당정치는 공적인 일과 사람을 '네 편 아니면 내 편'으로 가른다. 그가 임금일 때 동인 서인이란 붕당정치가 시작됐다. 붕당은 임금이나 정치지도자가 가장 경계해야 할 정치 항목이다. 그럼에도 선조는 붕당정치를 부추긴 것도 모자라 본인도 붕당에 가입했다. 스스로 서인 편에 섰다. 때문에 패장이자 임진왜란의 비겁한 대표 장수인 원균을 '내 편'이라 끝까지 감싸고 돌아 이순신과 같은 1급 공신에 추서했다. 공신 추천에는 2급으로 올라 온 것을 선조가 1급으로 올려 서명했다. 붕당정치의 씨를 뿌리고 키운 유전자가 지금까지 이어져 '네 편 아니면 내 편' 패거리 정치가 판을 치고 있다.

넷, 반성이 없다. 전쟁 중 피란길에서 착한 백성이 '그래도 임금'이라고 밥상에 생선 한 마리를 올렸다. 오랜만에 먹는 고기라 맛있게 먹었다. 이름이 '묵'이라는 어민의 말에 이렇게 맛있는 생선인데 이제부터 은어銀魚라 부르라고 했다. 그런데 궁으로 돌아온 어느 날 은어가 생각나서 먹었더니 옛날 맛이 아니었다. '맛이 왜 이래? 다시 묵으로 불러라.' 이래서 도로묵이 되었다는 '도로묵'에 관한 이야기다. '이렇게 맛없는 고기가 전쟁 중에는 그렇게 맛있었구나!'라며 은어가 아닌 금어金魚로 격상시켜주고 반성해야 할 마땅하거늘. 와신상담臥薪嘗膽 반성해서 나라 구할 생각은 아니 하고 그 모양이었으니 조선은 얼마 못 가 왜란倭亂에 이은 호란胡亂, 병자호란의 치욕을 당할 수밖에 없었다.

《선조실록》과《수정실록》 표지

2부

인간 류성룡 이야기

11. 이 방은 큰 인물이 날…

"저기 아이가 물에 떠내려간다. 누가 좀!"

류성룡은 소싯적(어릴 적) 하회에서 자랐다. 여섯 살 나던 해 어느 날 동네 친구들과 냇가에서 멱을 감고 놀다가 갑자기 불어난 물에 떠내려가고 있었다. 주위에 있던 또래들과 마을 아낙네들은 발만 동동 굴리며 어찌할 바를 몰랐다.

"어쩐다. 어쩐다."

뛰어들어 건져올 만한 남정네가 보이질 않는다. 있더라도

웬만큼 헤엄을 잘 치지 않는다면 어려운 상황이었다. 하회河
回는 글자 그대로 강물이 마을을 돌아서 흐른다. 지금의 낙동
강 줄기로 그곳 사람들은 이 강을 화천花川이라 부른다. 물살
이 세고 깊은 곳이 많다. 지금도 섶다리를 놓으면 홍수 때마
다 떠내려 갈 정도다. 특히 북쪽 강 건너 옥연정사 앞은 소沼
라고 부를 만큼 물이 깊다.

  "와우, 와우…. 저것 좀 봐."

사람들은 갑자기 환호했다. 홀연히 돌개바람이 불더니 허
우적대는 꼬마를 둘러싼 물살이 용틀임 치며 그를 보듬어 안
아 냇가 언덕 바위 옆으로 밀어 올리는 것이 아닌가.

  "하늘이 낳은 아이일세."
  "류대감댁 아들 아닌가?"

사람들은 감탄을 금치 못했다. 이후 동네에선 그 바위를
'돌고지[石串] 바위'라 부른다.

그는 태어날 때부터도 많은 이야기를 지니고 있다. 서애는
아버지 류중영柳仲郢과 어머니 안동김씨 사이의 둘째 아들이

다. 하루는 어머니가 꿈을 꿨다. 큰 강물이 갑자기 소용돌이 치면서 하늘에서는 먹구름이 일고 천둥 번개가 내려쳤다. 놀라 소용돌이를 보고 있는데 그 속에 이무기 한 마리가 김씨 부인을 향해 소리쳤다.

"부인, 내 꼬리를 한 번만 쳐 주시오. 그러면 나는 용龍이 되어 하늘로 올라갈 수 있습니다."

부인은 이무기의 부탁대로 꼬리를 한번 툭 치니 이무기는 찬란한 빛을 내며 용이 되어 하늘로 올라갔다. 태몽이다. 그리고 태어난 아기가 바로 성룡成龍이다. 용이 되었다는 뜻이다. 예부터 이름에 용 용龍이나 범 호虎 또는 임금 왕王 같은 글자를 잘 쓰지 않았다. 왜냐하면, 이름자가 너무 크면 이름에 눌려 사람이 제 몫을 못 하고 오히려 쪼그려진다고 생각했기 때문이다. 명문 집안의 부모가 이를 모를 리 없으나 그 아이는 충분히 이름값을 하고도 남을 확신이 섰기에 그대로 지었을 것이다.

그가 태어난 집은 의성義城에 있던 어머니 김씨의 친정집 안방이다. 이곳 또한 전해오는 이야기가 있다. '이 방에서 태어나는 아기는 크게 될 인물이다. 따라서 출가한 딸이 해산하러 오더라도 여기서 몸을 풀지 못하게'하라는 것이다. 설화說

話에 따르면, 어머니 김씨는 요즘 말로 엄청 맹렬 여성이었다. 어릴 적 친정아버지가 타고 다니는 말을 훌쩍 올라타고 동네를 쏘다닌다거나 행동에 어떤 거리낌이 없었다. 당시 사회에서 아녀자가 말을 타고 동네를 휘젓고 다닌다는 건 보통 일이 아니었다.

그런 딸을 친정아버지 또한 너그럽게 봐주는 트인 선비였다. 맹렬여성 딸이 친정 비밀이야기를 알고 있으니 그냥 넘길 리가 없다. 둘째인 성룡을 임신한 뒤 출산이 가까워지자 친정으로 내달았다. 친정어머니의 만류에도 아랑곳 하지 않고 안방을 차지, 기어코 명당 터 안방에서 아기를 낳은 것이다. 결국, 외가의 좋은 정기正氣도 받았다는 이야기다.

그는 이뿐 아니라 안동김씨 할머니로부터도 외가의 훌륭한 정기를 이어받았다. 할아버지 류공작柳公綽의 부인인 할머니 또한 그의 어머니를 뛰어넘는 적극적인 여인이었다. 친정아버지 상을 당했다. 친정 가족들과 함께 못자리 땅파기 작업 현장에 따라갔다.

"이곳은 천하 명당이야. 후손에 정승이 나올 터지."

지관의 말을 들은 그녀는 야밤에 혼자 그곳을 찾았다. 양동이에 물을 채워 머리에 이고 와 밤새 파 놓은 묘혈에 갖다 부었다. 아침에 가족들이 와 보고 깜짝 놀랐다. 못자리에 물이 흥건하게 고여 있는 것이 아닌가. 예부터 못자리에 물이 괴면 흉터로 친다. 가족들은 서둘러 150보 떨어진 근처 양지바른 곳에 새로운 터를 잡아 장사지냈다. 속으로 쾌재를 불렀다. 며칠 지나서다.

"오라버니, 저 터 제가 써도 돼요?"

"그러려무나."

명당 터를 손쉽게 낚아챈 그녀는 그 자리를 자신과 남편의 묘터로 썼다. 그들의 손자가 바로 서애다. 결국, 서애는 어머니와 할머니의 외가로부터도 좋은 정기를 다 물려받은 셈이다. 퇴계 이황李滉이 말한 '하늘이 내린 인물'이라는 말이 그저 생긴 말이 아닌가 보다.

그가 자란 고향 땅 하회도 공짜로 얻어진 좋은 터가 아니다. 그의 6대조가 되는 류종혜柳從惠는 풍산에 살고 있었다. 그는 대대로 집안을 이어갈 좋은 터를 찾아 팔도를 유람했다. 풍수에 능한 지관을 대동하고 좋다는 곳은 다 둘러봤다. 그래서 찜한 곳이 바로 이곳 하회다. 산(화산花山)과 강(화천

花川)이 마을을 감싸고도는 이른바 '산태극, 수태극山太極, 水太極' 형태의 아름답고 따뜻한 마을이다. 연꽃이 물에 떠 있는 형국이라 해서 '연화부수형蓮花浮水形'이라 불리기도 한다. 한마디로 엄청 좋다는 말이다.

이곳 화산 기슭에는 허許 씨와 안安 씨가 진작부터 살고 있었다. 그래서 그는 그곳에서 조금 떨어진 아랫마을 강가 가까운 지금의 양진당養眞堂 근처에 새로운 터를 닦기 시작했다. 그런데 기초공사를 아무리 튼튼하게 해도 다음 날 아침이면 기둥이 통째 넘어져 있고 또 넘어지기가 일쑤였다.

'거참 알 수가 없네.'

그는 걱정과 고민 속에 잠을 이루지 못했다. 그러던 어느 날 꿈속에 웬 백발노인이 나타났다.

"공공은 뉘시오? 그곳은 아무나 범접 할 수 있는 땅이 아니오. 아주 귀한 터란 말이오. 함부로 ……"

"예, 풍산에 거주하는 류종혜라 하옵니다. 이곳에 꼭 터를 잡고 싶습니다. 어찌해야 할지 가르침을 주시옵소서."

"그렇다면, 먼저 선을 쌓고[積善] 덕을 베푸는 이웃사랑부터 실천해야 할 것이오."

"미처 생각 못 했나이다. 가르침을 주시어 감사하옵니다."

그는 공사를 중단하고 다음 날부터 가난 돕기[구휼救恤]
에 나섰다. 재 넘어 풍산 가는 길목에 관가정觀稼亭이라는 초
막을 하나 지어 오가는 사람들에게 짚신과 노자를 챙겨 주었
다. 장날이면 시장을 찾아 노점과 좌판 상인을 도왔다. 창고
를 열어 가난한 사람들에게 식량을 풀었다. 수많은 사람에게
건성이 아닌 지성으로 그러기를 3년.

"지성에 감복했소. 만인에게 적선을 베풀었으니 이제 그대가
이곳에 정착하는 걸 허[허락許諾]하니 후세에 도움이 되게 하시
오."

꿈에 다시 나타난 노인의 말씀이었다. 이때부터 집짓기 공
사는 탈 없이 진행됐다. 이후 겸암 서애 형제가 관가정이 있
던 하회마을 입구 삼거리 서원마을에 낙고사洛皐祠라는 사당
을 세워 이를 기념했으나, 대원군의 사원 철폐령으로 없어지
고 이를 알리는 비석만 세워져 있다.

그의 가솔家率이 이곳으로 이사 오고 류씨 가문이 자리 잡
았다. 그래서 생긴 말이 있다.

'허許 씨 터전에, 안安 씨 문전에, 류柳 씨 배반.'

배반胚盤이란 아기를 잉태하는 자리 곧 가장 좋은 자리를 차지했다는 말이다.

'한 송이 국화꽃을 피우기 위해, 봄부터 소쩍새는 그렇게 울었나 보다'

꽃 한 송이를 피우기 위해서도 고통이 따르거늘, 위대한 한 인물이 태어나자면 이러한 많은 사람의 희생과 지원이 따름을 설화는 다시 한 번 깨우쳐주고 있다.

강을 건너는 사람들

마을에서 강을 건너 옥연정사 쪽으로 가자면 사람들은 지금도 이 조그만 나룻배를 이용한다. 다행히 섶다리가 유실되지 않으면 걸어갈 수 있지만.(사진 류신우)

오늘의 하회마을을 있게 한 종손

하회마을은 누가 봐도 아름답다. 초가와 기와집이 주위 자연과 잘 어우러지고 아늑하고 따뜻하며 평화롭기 그지없다. 거기다 역사와 문화가 그대로 살아 숨 쉬는 옛것의 아름다움이 한층 돋보인다. 해마다 수많은 국내외 방문객이 감탄하며 즐기는 이 하회마을을 지금까지 고스란히 이어오게 한 중심에는 서애 류성룡의 14대 종손 류영하柳寧夏(1925-2014)가 있다.

새마을 운동이 한창이던 1970-80년대, 전국의 모든 초가 지붕은 슬레이트나 함석으로 바뀌었다. 기와 조각으로 장식한 흙 담장은 시멘트 블록으로, 정감 넘치는 꾸불꾸불 흰 골목은 똑바로 고쳐 시멘트로 덮었다. 그대로 뒀다간 하회도 예외가 될 수 없었다. 이때 류영하가 나섰다. 서애 선조의 얼을 이어받은 그는 곧바로 다음과 같은 내용의 '아니 되옵니다' 상소문(?)을 청와대로 올려 보냈다.

하회마을 전경

류영하 선생의 노력으로 오늘날의 하회마을을 만날 수 있다.
사진은 설전 박원수의 작품으로, 10폭 병풍에 하회마을의 전경을 담았다.
(우창회장 류창하柳昌夏 소장, 사진 류신우)

"새마을 운동은 환영하며 적극적으로 참여하겠다. 그러나 하회는 역사와 유교문화가 오롯이 살아 숨 쉬는 전통 마을이다. 밖으로 보이는 초가와 기와의 조화뿐 아니라 생활 속에서도 반상班常의 생활문화가 500년을 잘 이어오고 있다. 예를 들면, 양반문화인 '선유줄불놀이'와 상민들의 '하회별신굿탈놀이'가 지금껏 잘 유지되고 있는 상호존중과 시골 인심이 살아 있는 마을이다. 역사 유물은 한 번 망가지면 회복 불가한 문화재다. 하회마을의 옛것을 그대로 보존 승계하는 것이 '새마을 운동'의 정신을 고양하는 길이다. 따라서 있는 그대로를 유지 복원하며 이어갈 수 있게 해주시기를 바란다."

이를 보고 받은 박정희 대통령은 '훌륭한 생각'이라며 격려와 함께 적극 지원을 약속했다. 더해서 《징비록》을 포함한 서애 선생의 문집 등 많은 유품 문화재가 충효당 사당과 사랑채에 쌓인 채 보관되고 있음을 안 그는 이를 보관 전시할 수 있는 기념관 영모각을 지을 비용을 별도로 보내주었다. 역사에 만약은 없지만, 만약 류영하가 없었다면 지금의 하회마을은 없을 것이다.

또 하회마을이 2010년 '유네스코 세계문화유산'으로 등재된 것도 바로 이러한 '살아 있는 역사마을'로써 그대로 이어져왔기 때문이리라.

강 건너 부용대 언덕에서 내려다보면 강물이 휘감아 도는 마을이 한눈에 들어온다. 부용대는 평상시 강 수면을 기준으로 하면 64미터 높이다. 이곳에서 보이는 하회마을을 화폭에 담아 '복과 재물을 불러 오는 안동 하회마을 명당도'라든가 '풍수 생기 명당 하회마을 명당도' 등의 이름을 붙여 전시회를 갖거나 파는 화가들도 심심찮게 볼 수 있다.

　강물은 그리 깊지 않으나 홍수가 난다거나 하면 물이 쉽게 불어남은 물론이고 물살이 엄청 빠르고 물길이 세다. 서애가 여섯 살 때 꼬마 친구들과 강가에서 놀다 물에 휩쓸려 떠내려 가다 돌개바람 덕에 뭍으로 올라온 것도 그래서이다. 그곳 돌고지 바위는 바로 자신의 아호로 사용하는 마을의 서쪽 언덕[西厓] 아래 바위다. 바위라고 해서 흔들바위처럼 커다란 것이 아니라 강에서 언덕이 시작되는 곳을 지지하는 바위 들이다.

　돌고지는 하회마을에서 보면 강 건너 부용대 왼쪽으로 조금 떨어진 양수기가 있는 곳으로, 현재는 도로 공사로 인해 일부가 헐려 나가 숲만 보인다. 옛날에는 그곳에 섶다리를 놓아 강 건너편 쪽으로 마을을 오가곤 했다. 지금은 동쪽으로 한참 내려와 물길이 깊은 옥연정사 쪽으로 옮겨서 설치, 옥연정사, 겸암정사, 부용대를 쉽게 오갈 수 있게 했다. 섶다리란 조상들의 지혜가 담긴 아주 독특하고 합리적인 조그만 까치다리다. 기둥은 물살에 떠내려가지 않도록 가능한 튼튼하게 하되 홍수 때 상판만 없어지게 만든 나무다리다. 지난 2020년만 하더라도 이곳에 만든 섶다리가 두 번이나 완전히 무너져 새로 놓은 적이 있다. 그래서 교각은 아예 철근으로 만들고 윗판만 옛날식으로 만들기도 했으나 이것마저 견디지 못하고 유실된 바 있다. 하회마을을 방문했을 때 운이 좋으면 이 섶다리를 건너 부용대에 오를 수도 있다.

서애 후손인 시인 류제하柳齊夏는 하회가 지닌 속살의 아름다움을 이렇게 살갑게 노래했다.

이 땅의 마지막 남은 성감대 하회,

휘도는 물결 따라 흘러가는 그대 전설,

어릴 적 내 꿈마저도 고목 되어 외로 섰네.

줄불놀이 탈놀이 내당의 웃음소리,

토담 아래 들레는 부용대 솔바람,

징비록 가슴에 대면 세월만큼 아프다.

12. 호를 왜 서애라고 했을까?

　류성룡의 호(아호雅號)는 서애西厓다. 서쪽 언덕이라는 뜻
이다. 아호는 본명 외에 따로 지어 부르는 제2의 이름이다.
스승이 지어 준다거나 친구들이 선물하거나 아니면 본인이 직
접 짓는다. '서애'는 그가 서른 살에 자신이 지은 자호自號다.
예부터 나이 30을 이립而立 또는 입지立志라고 부른다. 인생
의 기초를 세운다거나 뜻을 세운다는 뜻이다. 그러면 거창한
이름을 짓지 않고 왜 서애라고 했을까? 일인지하 만인지상으
로 불리는 영의정까지 오른 그가, 구국의 영웅인 그가 거창한
꿈을 담은 이름을 짓지 않은 이유는 뭘까?

서쪽 언덕. 참으로 밋밋하다. 기왕 언덕이라면 나지막한 '언덕 애厓'보다 바위 언덕을 뜻하는 '벼랑 애崖' 자를 쓰든가 할 것이지. 여기서도 그의 인간됨을 읽을 수 있다. 서애란 그가 자란 고향 하회마을 강 건너 서쪽 언덕, 어릴 적 멱을 감고 놀다 떠내려가기도 했던 돌고지 바위가 있는 그곳이다. 나이 들어서는 그곳에 올라 학문을 생각하고 인생을 고민하고 나라를 걱정하던 야트막한 동네 언덕이다.

서애. 고향을 생각하는[故鄕愛] 이름이다. 자연을 품고 그에 안기는[自然愛] 이름이다. 변하지 않는 지고지순至高至純의 이름이다. 그리고 겸손謙遜의 이름이다. 그는 이 언덕이 경치도 좋고 아름다운 멋진 지형이라 상봉대翔鳳臺라 이름 짓고 그곳에 서당을 지어 젊은이들과 학문을 논하고 싶었다. 상봉이란 봉황이 날아오른다는 뜻이다. 그러나 터가 좁아 뜻을 이루지 못했다. 후에 그의 형인 겸암 류운룡의 증손자가 이곳에 정자를 세우고 이름을 상봉정이라 했다. 지금도 남아있다.

그는 서애 말고 잘 알려지지 않은 또 다른 호가 하나 더 있다. 운암거사雲巖居士. 거사란 벼슬을 떠나 죽림竹林에 묻혀 사는 선비를 일컫거나, 불교에서 남자 신자의 이름 곧 불명佛名을 말하기도 한다. 서애는 평소에 3가지 소원 가운데 하나가 도를 닦는 것이라 했으니 '죽림의 선비'로서 붙인 이름인지 모른다. 아니면, 승려들과 무척 친했으니 주위의 어느 승려가 지어 준 것일 수도 있겠고. 어떻든, 바위 위를 떠도는 구름 인생을 뜻한다. 그러나 이것은 관직에 있을 때는 거의 쓰지 않았고 노년에 야인으로서 간혹 쓴 것으로 보인다.

그가 재상직을 물러나기 몇 개월 전인 선조 31년인 1598년 5월, '김종서가 6진을 설치한 것 하나만 하더라도 조선에서 가장 공적이 뛰어난 재상'이라며 그의 헛된 죽음을 애통해하는 글을 쓴 바 있다. 그 글 끝에 '운암거사 한양의 우사寓舍(객사)에서 쓰다'라고 명기했다. 또 말년을 보낸 농환재에서 쓴 글에서 운암거사란 명칭이 가끔 보인다.

류성룡의 또 다른 이름 자字는 이현而見이다. 간혹 '이견'이라고 부르기도 하는데 서애 문중에서 이현으로 호칭하므로 여기서도 '이현'으로 쓰기로 한다. 자는 대체로 나이 15살 성인이 되면 대부분 부모가 지어 준다. 이현도 아마 아버지 류중영이 지어 준 것으로 여겨진다.

이현, 무슨 뜻일까? 앞의 글자 이而를 보자. 고려대 민족문화연구원이 펴낸《중한中韓 사전》에 따르면 '이'는 접속사로 12가지 뜻으로 쓰일 수 있고 접두사와 접미사로 쓰일 때는 뜻을 달리한다. 접두사일 경우 시간, 상태, 장소, 원인 등을 나타내며 그리고, 그래서 등의 뜻도 가진다. 또 대명사로 쓰일 경우, '너'라는 말이라고 설명한다. 다음 현見 자를 보자. 같은 사전에 따르면, 동사로 쓰일 때는 9가지 뜻이 있고 조동사로도 2가지 의미가 있다고 말한다. '보다, 보이다, 알다, 드러나다, 뵙다' 등의 의미를 지닌다고 보면 될 것 같다. 국내 옥편은 '보일 현' 또는 '뵐 현'이라고 풀이한다. 결국, 사전적으로 해석하면 '보이는 그대로 보라'는 뜻으로 해석하면 큰 무리는 없지 않을까 한다.

중국의 시인 도연명은 그의 시 '음주飮酒'에서 이렇게 읊었다.

'초가를 지어 마을에 살고 있으니 수레의 시끄러움도 없네 ……. 동쪽 울타리 아래서 국화 꽃잎을 따다 무심코 쳐다보니 남산이 보였네. 산 기운이 가라앉는 저녁이라 어스름 저녁노을이 아름다운데………'

산을 '일부러' '생각해서' 보려는 게 아니라 무심중에 고개를 들어보니 산이 거기 있었고 저녁노을에 아름답게 물들어 있더라는 거다. 서양철학 현상학에서 말하는 에포케(epoche)와 일맥상통하는 것으로 봐도 될 것 같다. 에포케란 판단정지로 해석하는데, 모든 사물이나 현상을 볼 때 '기존의 모든 지식, 편견, 선입관 등 일체를 배제하고 백지상태에서 있는 그대로를 직관'하라는 것으로 요약할 수 있다.

그가 천민 신충원을 장수로 천거한 것을 놓고 보면, 충분히 그럴 것 같다는 생각이 든다. 천민 이전에 한 인간으로서 보여준 능력과 사람됨을 보았을 뿐 그의 출신이나 신분 때문에 '이럴 것이다. 저럴 것이다'라는 선입견 없이 그를 장수로 뽑은 것이기 때문이다. 이현과 서애라는 이름 속에서도 그의 인품이 드러난다고 하겠다.

참고로 그의 형인 겸암 류운룡의 자는 응현應見이다. 보이는 대로 받아들인다는 뜻으로 형제의 '자'가 비슷함을 알 수 있다. 형에게는 운룡과 응현, 즉 '용이 구름을 탔으니 응당 드러날 것이다'라는 뜻의 이름을, 동생에게는 성룡과 이현, 즉 '용이 되어 하늘로 오르니 자연스레 드러나리라'라는 뜻의 이름을 준 것이다.

마을에서 본 서쪽 언덕

사진 중앙이 부용대, 왼쪽 끝으로 좀 더 가면 상봉대가 있는 야트막한 서쪽 언덕이 나온다. 서애는 이를 자신의 아호로 삼았다.(사진 류신우)

50자字의 긴 호칭

류성룡의 시호諡號는 문충공文忠公이다. 시호란 지위나 공적 학덕이 높은 사람이 죽은 뒤 임금으로부터 받은 이름을 뜻한다. 처음에는 왕족에게만 주어진 명예였으나 나중에 정2품이상 관리까지로 확대되었다. 서애는 세상을 떠난 지 20년, 인조 5년 1607년 이 시호를 하사받았다. 시호에도 높고 낮음이 있으며 문인과 무인에는 표현하는 글자가 다르다.

문인이 받을 수 있는 최고 존칭의 시호에는 문文 자가, 장수인 무인에게는 무武 자가 들어간다. 문무 다음으로 부, 헌, 양, 열, 장, 청, 경, 평, 단, 정, 저 등이 있다. 또 충忠은 문무구분 없이 최고 수훈자에게 주어지는 존칭이다. 조선조의 경우, 시호에 사용할 수 있는 글자는 모두 131자로 정해져 있었다. 각 글자마다 의미를 담고 있다.

문文은 경천위지經天緯地, 즉 '천하경륜을 다스림'을 말한다. 무武는 절충어모折衝禦侮, 즉 '적의 창끝을 꺾어 외침을 막는 것'을 말한다. 충忠은 위신봉상危身奉上, '자기 몸을 던져 임금을 섬긴다'는 뜻이다. 따라서 '문충공'은 문인이 받을 수 있는 최고의 시호이며 '충무공'은 무장에게 주어지는 가장 높은 시호이다. 서애 류성룡의 시호는 문충공이며 이순신 장군은 충무공忠武公이다. 문인과 무인에서 가장 높은 명예로운 시호다. 문충공은 조선조에서 총 31명이, 충무공은 9명이 받았다.

류성룡은 풍원부원군豊原府院君이라는 또 다른 칭호가 있다. 부원군은 원래 임금의 장인인 국구國舅에게 주어지는 가장 명예스러운 작위 이름(작호爵號)이다. 그러나 시간이 지나면서 정1품 이상 공헌자에게도 주어졌다. 서양식으로 말하면 공작, 백작, 후작 등 작위에 해당하는 것으로 조선조에서는 부원군이라는 명칭 하나밖에 없다. 부원군 앞에 붙는 글자는 당사자의 고향 지명을 따서 붙이는 경우가 대부분이다. 그는 풍산豊山류씨이므로 '풍' 자가 들어간 풍원부원군이 된 것이다.

서애는 이외에도 두 개의 공신과 청백리에 이름이 올라있다. 호성공신과 광국공신, 각 2급이다. 호성공신은 임진왜란 당시 선조를 호위한 공로로 '충근정량효절협책 호성공신'이며, 광국공신은 명나라의 대명회전에 태조 이성계의 기록이 잘못된 것을 고친 공로로 '수충익모 광국공신'이다. 또 정1품

관직명인 '대광보국숭록대부'의 명칭도 있다. 이 많은 이름을
다 합쳐 부르자면 이렇다.

'충근정량효절협책 호성공신, 수충익모 광국공신, 대광보국숭록
대부, 풍원부원군, 영의정, 청백리, 문충공, 서애, 운암거사, 이현,
류성룡.'

忠勤貞亮效節協策 扈聖功臣, 輸忠翼謨 光國功臣, 大匡輔國崇祿
大夫, 豊原府院君, 領議政, 淸白吏, 文忠公, 西厓, 雲巖居士, 而見,
柳成龍

영의정 교지

선조는 급하게 서애를 영의정으로 임명했으나, 반나절도 안 돼 거두어 버렸다. 교지에 서애의 긴 이름이 적혀 있다.(사진 황헌만)

13. 형님 먼저, 아우 먼저

'형님 먼저, 아우 먼저'

서애 류성룡과 형님 겸암 류운룡 형제가 술을 마시고 서로
배웅해 주느라 밤을 꼬박 새웠다는 이야기다. 종손과 종부를
통해 이어져 오는 훈훈한 형제애의 내용은 '아마도' 이렇게 그
려질 수 있을 것 같다. 옥연정사에서 모처럼 술상을 마주한 겸
암 서애 형제는 이런저런 이야기를 나누느라 거나하게 취했다.

"형님 이제 들어가 주무시지요. 제가 바래다 드리겠습니다."
"아니, 괜찮다. 이현(서애의 자)이 먼저 자리에 들지."

서애는 형님을 부축해서 그의 거처인 겸암정사를 향했다.
부용대를 사이에 두고 위쪽의 겸암정사와 아래쪽 옥연정사는
'층길'이라 불리는 절벽 오솔길로 300여 보 떨어져 있다.

"여기까지 왔으니 우리 집에서 한잔 더 하지."
"그러시지요. 형님."

둘은 한참을 또 마신다.

"참 좋다. 성룡아. 오랜만에 이름을 불러보니 더 좋구나."
"예, 형님. 저도 더없이 고맙고 좋습니다. 앞으로도 그냥 이름
을 불러 주십시오."

어릴 때야 스스럼없이 이름을 부르지만, 성인이 되고서는
형이지만 동생 이름을 마구 부르지 않고 주로 자字를 쓰는 것
이 양반집[반가]의 풍습이다. 당시는 부모나 스승이 아니고는
성인 남자 이름을 함부로 부르지 않았다. 그러나 맏이는 부모
와 같은 존재이니 겸암이 아우 서애의 이름을 부르는 건 사실
풍습에 어긋나거나 하는 일이 아니다. 그냥 서로를 존중하는
뜻에서 그럴 뿐이다.

이번에는 겸암 형님이 동생 서애를 배웅해 주느라 함께 옥연정사까지 내려왔고 여기서 또 한잔, 다시 겸암정사로 올라가서 또 한잔. 이러기를 몇 차례 반복하다 보니 새벽이 된 거다. 여명 속에서 둘은 부용대 바위 턱에 앉아 마을을 내려다보며 밤새 못다 한 이야기를 이어갔다.

형이 잘 되면 대부분 동생은 그 덕을 보게 된다. 이와 달리, 아우가 너무 뛰어나면 형은 그의 그늘에 가려 빛이 바래게 된다. 류성룡과 형님 류운룡이 바로 그런 경우다. 서애보다 3년 연장자인 겸암은 사실 뛰어난 학자며 관리였다. 겸암이 서애보다 먼저 퇴계 이황 문하에 들어가 수학했다. 그는 처음부터 정치보다는 학문에 뜻이 더 깊었으며 겸암정謙庵亭

겸암정사(사진 류신우)

의 편액 글씨도 퇴계가 직접 써서 보내준 것이다. 그러자 류운룡은 겸암謙菴을 아예 자신의 호(아호雅號)로 사용했다.

퇴계가 그에게 보낸 서찰만도 36편이나 된다. 퇴계 이황이 그를 많이 아꼈음을 증명하는 대목이다. 그는 29살에 이미 겸암정사를 세워 학문을 닦음과 동시 후학들을 양성하며 부모를 모시면서 고향에서 살았다. 그는 34세라는 뒤늦은 나이에 음서제蔭敍制를 통해 '전함사별좌'라는 조그만 벼슬을 받아 관리 생활을 시작했다. 음서제란 과거를 통하지 않고 선대의 공적으로 관리에 발탁되는 제도다. 이후 진보眞寶 현감을 잠시 거쳐 인동仁同 현감, 풍기豊基 군수, 원주原州 목사 등을 역임했다.

특히 인동 현감은 두 차례에 걸쳐 7년간이나 맡아 고을 백성들로부터 존경받는 지방 목민관으로서 역할을 다했다. 당시 그는 '경위표經緯表'라는 걸 처음 만들어 조세, 부역, 환곡 등의 출납을 상세하게 기록하는 등 공정 과세, 공개 행정으로 신뢰를 얻었다고 정약용의 《목민심서牧民心書》는 전하고 있다. 그 뒤 그러한 공적을 인정받아 관리들의 녹봉을 관장하는 중앙조정의 광흥창廣興倉 회계를 관리하고 책임지는 주부主簿를 맡기도 했다.

하회를 중심으로 한 설화는 대부분 겸암 서애 형제의 이야기를 담고 있는데 겸암에 관한 것이 주를 이룬다. 이에 따르면 겸암은 기인奇人이자 이인異人으로 묘사되어 있다. 축지법을 써서 하루에 몇 백 리를 오고 간다거나 미래를 내다보는 신비한 재주를 가진 비범한 인물이라는 것이다. 그 가운데 하나가 임진왜란을 앞두고 서애를 죽이기 위해 몰래 하회에 잠입한 일본 자객을 쫓아낸 설화가 그것이다. 앞서의《계서야담》바둑 이야기에 나오는 삼촌은 삼촌이 아니라 바로 겸암이 아닐까 하는 것이다.

아무튼, 서애는 관직에 매달려있느라 부모 모심은 오로지 겸암 형님 몫이라 항상 그에게 고맙고 미안한 마음을 감추지 않았다. 임진왜란 중에 겸암은 노모를 직접 업고 피란길에 나

옥연정사(사진 류신우)

서기도 하는 등 가솔을 맡아 맏이로서 고생을 많이 했다. 그는 서애보다 6년 앞서 1601년 세상을 떠났다. 문집으로는 《겸암집謙菴集》이 있으며 안동 화천서원花川書院과 풍기 우곡 서원愚谷書院에 배향되었다.

충효당 사랑채 내부

허목의 글씨로 새겨진 충효당 편애이 걸려 있다.(사진 황헌만)

충효당과 양진당

하회를 들리게 되면 누구나 가 보게 되는 곳이 충효당과 양진당이다. 보물 414호 충효당忠孝堂은 서애 류성룡의 종손이 거주하는 종택이다. 대문을 들어서면 사랑채에 걸려있는 충효당 편액扁額이 눈에 들어온다. 나무에 양각으로 새겨진 좀 특이한 모양의 이 전서체篆書體(도장에 주로 쓰는 글씨체) 글씨는 미수眉叟 허목許穆(1595~1682)의 작품이다.

충忠 자는 해[임금]를 받드는 형상이고, 효孝는 웃어른을 공경하는 모습이며, 당堂은 지붕 아래 사람이 앉아 있는 모양이다. 진품은 도난을 우려해 한국 국학연구원에 보관 중이다. 허목은 음서제로 관리가 되어 우의정까지 지냈으며 서애를 존경해서 그의 일대기를 간략하게 기록한《서애유사西厓遺事》를 펴내기도 했다. 그는 또 한의술에도 뛰어나 정적인 송시열을 죽음 직전 극약처방으로 살려낸 일화가 전할 정도이다.

사랑채 마루에 올라서면 충효당의 내력을 담은 기문記文이

벽에 붙어있는데 이는 20세기 한국 최고의 한학자 청명 임창순任昌淳의 글씨다. 기문의 원래 글은 서애의 경상을 갖고 있던 이만복의 작품이다.

안채에 가면 대청 앞 댓돌 위에 동아줄이 하나 매달려 있는데 이는 엘리자베스 영국 여왕이 방문했을 때 마루에 쉽게 올라갈 수 있게 한 것. 여왕은 남의 집에 방문해서 신발을 벗은 적이 없으나 여기서만은 예외 없이 신을 벗어 댓돌 위에 놓고 올라갔었다. 이 안채는 현재 종손 가족이 거주 중이라 일반인 출입 금지 구역이다.

바깥사랑채 뒤로 돌아가면 불천위 서애를 비롯한 4대조 10분 조상의 위패를 모신 사당祠堂이 있고 조금 지나 유물전시관 영모각이 위치한다. 영모각은 70년대 네모반듯한 서양식 건물로 건축했다가 주위와 어울리지 않아 지금과 같은 한옥 형태로 새로 지어졌다. 편액은 박정희 대통령 글씨다.

류성룡은 이 집을 돈이 없어 짓지 못했고 손자인 졸재 류원지柳元之가 유림과 주위의 도움을 받아 먼저 안채를 세웠고 증손자인 눌재 류의하柳宜河(1616-1698)때 가서야 완공했다.

충효당이라는 집 이름[당호堂號]은 서애 유고시遺誥詩 중 '… 충효 외에 다른 일은 없다'는 구절에서 따와 지은 것이다. 충효당은 당호이지만 외지인들은 가끔 택호宅號 대신 부르기

도 한다. 택호는 통상적으로 그 집 부녀자를 부를 때 쓰는 것
으로, 남자의 직급이나 직책, 또는 결혼 전 친정집 지명을 따
서 붙인다. 서애 종택 충효당은 예부터 '대감댁'으로 불리었으
며 집안에서는 보통 집과 마찬가지로 경주댁 등으로 호칭하
기도 한다.

충효당 북쪽에 자리하고 있는 양진당은 풍산류씨 대종가
大宗家이자 겸암 류운룡 종택이다. 이곳은 입향조 류종혜柳從
惠가 하회에 첫 터를 잡은 곳이다. 집은 한마디로 대종가다운
면모의 건축물이다. 서애도 부친 류중영, 형님 류운룡과 함께
어릴 때 살던 집이다.

양진당
사랑채 처마 아래에 입암고택立巖古宅 편액이 보인다.(사진 황헌만)

집에 들어서면 사랑채 처마 아래에 입암고택立巖古宅 편액이 먼저 보이고 이 집 당호인 양진당養眞堂 현판은 대청 안쪽 북측 벽에 걸려있어 밖에서는 보이지 않는다. 입암은 서애의 부친인 류중영의 호이며, 당호 양진당은 문중 족보를 완성했고 종택과 재사齋祠를 증축 보수하는 등의 공적이 큰 류영柳泳(류운룡의 6대손)의 아호에서 따와 지었다.

이 집의 가장 보배로움은 안채다. 솟을대문을 들어서면 동편 마당에서 안채로 들어가는 중문이 있다. 안채는 각 7칸인 'ㅁ'자형 구조다. 판문으로 된 중문을 열면 안채가 들여다보이지 않도록 벽으로 막았다. 안팎을 구분하는 문이라 해서 '내외벽'이라 이름 지었다. 3칸의 안방과 반 칸 툇마루가 있고 4칸 대청이 이어진다.

대청과 처마 밑에는 소반小盤 수십 개가 걸려있고 부엌 옆에는 알리바바에 나오는 것보다 더 큰 장독이 엄청난 대종가의 일부를 보여준다. 그동안 몇 차례 중수重修가 있었고 지난 1987년에도 2년 동안 해체 복원 등 일부를 크게 수리했다.

집 뒤에 위치한 큰 사당에는 불천위 류중영, 동쪽 작은 사당에는 그의 장남인 불천위 류운룡 신위가 모셔져 있다. 양진당 편액은 200여 년 전 한학자 최동진이, 입암고택은 100여 년 전 이용장李龍藏이 썼다.

14. 친구 학봉 살리기

오늘날도 친구란 10대의 가장 큰 고민 가운데 하나이지만
꼰대들의 '단톡'방에 가장 많이 올라오는 단어이기도 하다. 그
러면, '진짜 친구'는 누구이며 어떻게 해야 그렇게 될까? 서애
류성룡의 행동을 통해 친구의 참모습을 본다.

임진왜란 발발 3주 만에 서울을 빼앗긴 선조는 의주까지
피신한다. 이러한 전쟁의 소용돌이 속에사 조정은 피란에 앞
서 학봉鶴峯 김성일金誠一의 죄부터 벌주기로 했다.

"그자는 임금을 농락하고 백성에게 크나큰 피해를 주었습니
다. 죽어 마땅한 줄로 아뢰옵니다."

"그렇사옵니다. 임금을 기망欺罔(거짓말로 속이다)한 것 하나만 하더라도 백번 죽어 마땅하옵니다. 일벌백계一罰百戒하여 나라의 위엄을 세우시옵소서."

"마땅하옵니다. 그자뿐 아니라 그자를 추천한 서애 좌상左相도 함께 처벌하여야 하옵니다. 다시는 그런 자들이 얼씬할 수 없게 엄히 다스려야 하옵니다. 통촉하여 주시옵소서."

"그러하옵니다. 그들은 나라의 안위에는 눈을 감고 그들의 사리사욕에만 눈이 먼 배은망덕한 역적무리에 해당하옵니다. 기회에 그들을 뿌리 채 뽑아버려야 후환을 막을 수 있사옵니다. 통촉하여 주시옵소서."

대신들은 하나같이 김성일의 참형을 요구했다. 당시 경상우도 절도사로 왜군과의 전쟁에 여념이 없던 김성일은 파직당한 채 죄수 수레에 실려 서울로 압송되어 오는 중이었다. 전쟁 전 일본에 조선통신사로 다녀와 거짓 보고를 한 김성일을 '임진왜란의 희생양'으로 삼아 극형에 처해야 한다는 신하들의 성토였다. 서인西人들은 벌떼처럼 들고일어나 서애까지 싸잡아 동인東人들을 공격했다. 아예 싹쓸이로 쫓아내고 그들만의 천하를 만들 야욕에 눈이 먼 그들의 집단행동이었다. 서애는 고민했다.

'이 판에 곧바로 나서봤자, 전하의 심기를 더 어지럽히는 꼴이 되는 데다 저쪽 반대파들을 한층 더 흥분시켜 사태를 돌이킬 수 없도록 악화시킬 뿐이다. 기회를 보자.'

그는 다음 날 저녁 늦게 선조에게 독대를 요청했다. 어느 정도 전하의 심기가 가라앉은 시점이다.

"신臣. 아뢰올 말씀이 있어 찾아뵈옵나이다."
"어서 오시오 좌상, 늦은 시각 어쩐 일이요?"
"어제 회의에서 나온 김성일 대감에 대한 말씀이옵니다만…"
"계속 하시오."
"먼저. 모든 게 신의 불찰이옵니다. 먼저 신에게 벌을 내리시옵고, ……"
"그건 경卿이 결정할 문제가 아닌, 과인의 일이니. 그래서?"
"황공하옵니다. 그러나 ……"

서애는 차근차근 이야기했다. 김성일의 잘못은 백번 죽어 마땅하며, 변명의 여지가 없다는 말과 함께, 그를 용서해 달라는 말씀은 아니라는 말이었다. '그러나…. 사람 하나 죽이는 건 쉽다. 그러나 인재 하나를 키우자면 여간 어렵고 오랜 세월이 필요한 게 아니다. 더구나 인재가 될 재목을 찾기도 쉽지 않다. 인재 하나가 아쉬운 이 판에 그를 지금 죽이는 것보다 속죄할 기회를 주어 이 나라에 보탬이 되는 길을 찾는 것도 방법의 하나가 될 수 있지 않겠는가'라며 서애는 최대한 선조의 심기를 건드리지 않기 위해 말 한 마디 한 마디 조심에 조심을 더해 진언했다.

자칫 변덕쟁이에 열등감 덩어리인 선조가 '죽을래?' 한마디 한다면 그것으로 그의 목숨은 끝나는 형국이다. 친구를 위한, 물론 나라를 위한 것이 바탕에 깔려있긴 하지만, 목숨을 건 어찌 보면 도박에 가까운 무모한 행동이다. 옆에서 듣고 있던 환관은 등에 식은땀을 흘리며 후들후들 떨었다. '대감께서 제정신이신가? 목숨이 몇 개나 되시나?'

"경의 말씀을 듣고 보니 그렇긴 하기도 한데…"

사건의 발단은 이렇다. 왜란이 발발하기 두 해 전이다. 일본에 조선통신사 일행을 보내 그들의 나라 상황과 풍신수길의 동태를 파악하게 했다. 서인인 황윤길을 정사正使로, 동인인 김성일을 부사副使로 임명했고 그들은 10개월 뒤 임진왜란이 발발하기 1년 전 귀국했다. 돌아와서 선조께 올린 견해는 정반대였다.

"그간의 실정과 형세를 보건대, 필시 병화兵火가 있을 것이옵
니다." -황윤길

"그러한 정황은 발견하지 못했는데, 황 정사가 장황하게 아뢰
어 인심이 동요되게 하니 시의에 매우 어긋납니다." -김성일

"풍신수길이 어떻게 생겼는가?" -선조

"눈빛이 반짝반짝하여 담과 지략이 있는 사람인 듯하옵니다."
-황윤길

"그의 눈은 쥐와 같았는데 두려워할 위인이 못 됩니다."
-김성일.

임금은 헷갈렸다. 도대체 누구의 말이 옳단 말인가? 그는
김성일의 말을 듣기로 했다. 이유는 단 하나. 굳이 전쟁의 위
험을 공표해서 나라를 분란에 빠뜨릴 필요가 없다는 안이한
생각 때문이었다. 어전을 나서면서 동석했던 류성룡이 김성일
에게 물었다.

"그대가 황윤길의 말과 고의로 다르게 말했는데, 만일 병화가
있게 되면 어떻게 하려고 그러시오?"

"나도 어찌 왜적이 나오지 않을 것이라고 단정하겠습니까. 다
만 온 나라가 놀라고 의혹될까 두려워 그것을 풀어주려 그런 것
입니다."

아무튼, 서애의 간청과 진언에 선조는 '김성일을 경상우도 절도사節度使에서 파면하고, 경상우도 초유사招諭使로 임명하니 충성을 다하라.'며 그의 단죄를 일단 유예했다. 초유사란 공식적인 벼슬이라기보다는 의병들을 모으게 하는 별정직이자 임시직책이다.

　　"아니 되옵니다. 전하."
　　"통촉하옵소서. 전하."
　　"불가하옵니다. 전하."

　　서인들은 난리를 피웠다. 그러나 웬일인지 선조는 그 명을 거두지 않았다. 덕분에 죄수 수레를 타고 서울로 오다가 천안 근처 직산에서 이 명을 받은 그는 죽음을 면하고 오던 길로 되돌아갔다. 서애의 '목숨을 건 친구 살리기'가 이틀만 늦었더라면 그는 불귀의 객이 되었을 뻔했다.

　　나중에 학봉이 말했다. '나를 낳고 길러주신 건 부모님이지만 자신을 김성일로 살게 한 건 서애'라고. 김성일은 곧바로 전국에 격문을 돌리며 의병 모으기에 앞장섰고 그들을 이끌고 치열한 전투가 벌어지고 있던 진주성으로 달려가 속죄하려 했다. 그러나 2차 진주성 싸움을 앞두고 전쟁 이듬해인 1593년 4월 아깝게 병사하고 말았다.

한참 나중 얘기지만, 서애 류성룡과 학봉 김성일 두 사람 후손과 유생들은 여강서원廬江書院 위패 봉안 위치를 두고 오랜 기간 티격태격했다.

서애는 또 이순신이 임진왜란 중 억울하게 탄핵당하자 '영의정' 자리를 내어놓고 탄핵 철회를 읍소했다. 선조 30년 1597년 3월, 이순신은 삼도수군통제사에서 말도 안 되는 탄핵을 받아 죽음 직전까지 몰렸다. 이순신은 그때까지 17전 17승 전승으로 일본군으로서는 공포의 대상이었고 조선 수군들로서는 믿고 따르는 최고의 장군이었다. 그는 전장에서는 용감한 장수(용장勇將)였고, 지략이 뛰어난 장군(지장智將)이었으며, 부하들이 진심으로 따르는 덕을 갖춘 장수(덕장德將)로 군졸뿐 아니라 많은 백성으로부터 존경과 믿음을 받고 있었다.

그가 승승장구하자 선조와 일부 조정에서는 오히려 불안해했고 원균 일당들은 모함과 유언비어로 그를 끌어 내리려고 안달이었다. 원균은 선조께 장계를 올렸다.

'이순신이 적과 내통해서 싸워 이길 수 있는 상황임에도 전투를 피하고 있습니다. 저에게 기회를 주신다면 왜적을 단칼에 박살 내 은혜에 보답하겠나이다.'

이에 류성룡은 읍소했다.

"이순신을 천거한 소인에게 죄를 물어주십시오. 이에 사직서를
올리오니 저를 벌하시고 그를 구해주소서. 그가 없으면 한산도가
무너지며 한산도가 무너지면 호남이 위태로워지고 호남이 위태로
워지면 이 나라 조선이 위태로워집니다."

그러자 선조는 불같이 화를 내며 서애를 경기도로 순찰을
내보냈다. 서애를 서울에서 잠시 쫓아낸 뒤 한통속 재상들과
이순신을 참형에 처하기로 작정하고 서울로 압송했다. 무자
비한 고문으로 반쯤 죽은 상태에서 원로대신 재상 정탁鄭琢
의 간곡한 청이 받아들여져 참형은 면하고 백의종군토록 했
다.

서애는 경기도 순찰에서 돌아 온 뒤에도 계속 사직상소를
올렸다. 선조는 한마디로 '아니되오'였다. 서애는 지지 않고
또 사직상소를 올린다. 또 거부당한다. 이렇게 10여 차례 주
고받았으나 선조는 이순신에 대한 파직이나 백의종군 처벌도
거두지 않았고 서애에 대한 사직상소도 받아들이지 않았다.

이에 앞서 조정에서 자신에 대한 탄핵이 오르내린다는 소
식을 들은 이순신은 서애에게 서찰(편지)을 보냈다.

"대감. 저에 대한 변명과 비호를 그만둬 주십시오. 저는 죽어도 괜찮으나 대감이 상하시면 이 나라 조선의 가련한 백성은 어찌합니까? 저를 버리시고 백성을 보살펴 주시옵소서."

서애는 눈물로 편지를 덮었다.

병산서원屛山書院

유네스코에 등재된 우리나라 서원 중 가장 아름답다는 병산서원.(사진 황헌만)

병호시비

서애 류성룡과 학봉 김성일은 퇴계 문하의 쌍벽을 이루는 수제자들이다. 그들은 서로가 존중하며 가깝게 지냈다. 문집을 보면 둘이 주고받은 편지와 시문詩文이 수십 편에 이른다. 서애가 목숨을 걸고 학봉을 살려낸 것도 이러한 오랜 우정이 밑바탕에 있어서이다. 그러나 여강서원廬江書院 위패 봉안 문제를 놓고 두 문중과 유림은 이와는 별도로 400여 년간 자존심 싸움을 이어갔다. 이를 병호시비屛虎是非라 한다.

퇴계 이황이 타계한 뒤 1573년 서애 학봉 두 제자와 지방의 유림이 중심이 되어 스승 퇴계를 위한 여강서원을 짓고 그의 위패를 봉안했다. 그러다가 학봉 서애 둘 다 세상을 떠난 뒤인 1620년, 이 두 제자도 함께 위패를 배향할 수 있게 되면서 문제가 불거졌다. 퇴계 위패를 중심으로 좌측인 동쪽이 상석이다. 둘 가운데 누가 더 상석인 이 자리에 위치하느냐?'가 쟁점이었다.

학봉 측은 '장유유서로 볼 때나 퇴계 선생 제자로서 선후배를 기준 하더라도 당연히 그가 윗자리에 봉안'되어야 한다는 주장이었다. 학봉은 서애보다 4살 위이며, 퇴계 선생의 도산서원 제자로서도 그가 몇 년 앞선다. 이와 달리, 서애 측은 '말도 안 되는 소리'라며 일축했다. '임진왜란 중에 영의정으로 누가 더 국가에 헌신했으며 기여도가 높으냐?', '나이가 많으면 무조건 윗자리를 차지해야 하느냐?'며 반박했다.

여강서원은 이후 1662년 숙종으로부터 사액賜額(이름을 지어 편액을 내려 줌)을 받아 호계서원虎溪書院이 되었다. 그뒤로 대원군의 중재조차 받아들이지 않고 4백여 년을 이어온 이 '밀당'은, 아주 최근인 2013년에야 경북도지사의 중재로 일단락되었다. 두 문중 유림 등과 수차례 논의 끝에 내놓은 중재안은 '상석인 동쪽에 서애를 배향하고 그 대신 서쪽은 학봉과 그의 제자 1명을 추가로 모시기로 한 것'이다.

이른바 병호시비가 해결된 것이다. 병호시비란 서애의 병산서원과 퇴계의 호계서원 첫 글자를 따서 붙인 사건 이름이다. 호계서원은 안동댐 수몰 이후 임하댐 근처로 옮겨졌다가 다시 완전 해체, 안동호 근처 국학진흥원 단지 안에 복원되어 2020년 11월 고유제를 지내기도 했다. 서애는 병산서원을 포함, 호계서원, 남계서원, 삼강서원, 도남서원, 빙계서원 등에 위판이 모셔져 있다. 학봉은 호계서원, 사빈서원, 영산서원, 빙계서원, 영계서원, 송학서원, 경현서원 등에서 제향하고 있다.

호계서원

병호시비의 발단이 된 호계서원(사진 황헌만)

15. 아버지 서애

　류성룡도 가장이자 남편이고 아버지다. 자식에 대한 사랑도 보통 사람들과 다르지 않았다. 그는 외지에 나가 있으면서 수시로 자식들에게 편지를 보냈다. 《서애문집》 서牘 편에 기록되어 있는 자식들에게 보낸 편지는 모두 9편이다. 그는 아들 다섯에 딸 셋을 두었는데 맏아들이 13살 어린 나이에 죽어 둘째인 여祬가 큰아들이 되었고 그 아래로 단, 진, 초, 첨이 있다. 편지는 아들 각자에게 쓰기도 했고 뭉뚱그려 여러 아들이 함께 보라며 써 보내기도 했다.

　내용은 대부분이 '공부'에 관한 것들이다. 예나 지금이나 부모는 자식의 공부가 가장 큰 관심사였던가 보다.

"스님을 통해 받은 편지에 따르면 '너희들이 새벽녘까지 글을 읽는다'고 하는데 참으로 그러하냐? 옛 책에 이르기를, '삼경三更 (밤11시−1시)에 이르기까지 잠을 자지 않으면 피가 심장으로 돌아가지 않아 이 때문에 몸이 여위고 초췌해진다'고 했다. 꾸준히 그만두지 않는 것이 가장 유익한 것이니 기운을 헤아려 공부해서 나에게 걱정을 끼치지 않았으면 좋겠다."

세 아들에게 보낸 편지는 이렇게 건강 걱정에 공부하는 방법 걱정이 담겨있다. 또 아들들이 지은 글을 보고 야단치기도 했다.

서애 묘소
서애의 유언에 따라 신도비가 없다.(사진 류신우)

"글 뜻이 분명하지 못하고, 기운이 없다. 글이 힘차게 뻗어나 가지 못하고 움츠린 것이 마치 수레 끌채 밑에 매달린 망아지처 럼 남의 속박을 받는 꼴이다."

그러면서 '너무 큰 밭을 가꾸지 마라, 잡초만 무성해진다.' 라며 '같은 글을 천 번을 되풀이하여 읽으면 저절로 알게 된 다'고 충고하며 하나를 공부해도 야무지게 할 것을 주문했다.

또 다른 편지에서 그는 '조물주란 으레 장난을 많이 치는 것이니 거기에 동요될까 두렵다'며 조그만 일에 흔들림 없기 를 당부하기도 했다. 그리고 '요즘 아이들'의 벼락치기 공부와 새치기 공부, 시험을 위한 얄팍한 공부를 비판하면서 너희들 은 그러지 말라고 따끔한 충고를 하기도 했다.

"사서四書(대학, 논어, 맹자, 중용)는 유학자들의 보물창고다. 모름지기 날마다 쉬지 않고 되풀이 외워야 할 것이다. 그 다음으 로 해석이 없는 원문 그대로의 《시경詩經》과 《서경書經》을 독파 한 뒤 통송通宋(송나라 시대 유학자의 글)을 익히도록 하라."

서애는 자식들에게 꼭 읽어서 제 것으로 만들어야 할 책으 로 '맹자'를 꼽았다. 보통 사서를 공부하는 순서는 대학 논어

맹자 중용이다. 대학은 학문의 규모를 정하고, 논어는 근본을 세우며, 맹자에서는 관찰을 통해 드러난 뜻을 파악하고, 중용에서는 옛사람의 미묘한 지혜를 구하는 것으로 풀이한다. 그는 젊은 시절 맹자를 스무 번을 읽고서야 어렴풋이 그 뜻을 이해하였다고 술회하면서 100번을 읽지 못한 것이 아쉽다고 아들들에게 말한 바 있다.

서애의 이러한 공부 방법을 지금의 관점에서 보면 철저한 자기주도 학습법이다. 어려운 원문은 미리 해석을 읽지 말고 의미를 깨우칠 때까지 생각하며 읽고, 읽고 또 읽으라는 것이다. 그가 재상으로서 국난을 헤쳐나간 것도 이렇게 모든 걸 깊이 생각하면서 공부하고 연구하며 문제를 해결한 것이라고 역사가들은 설명한다. 아무튼, 서애가 아들들에게 보낸 편지는 대부분이 요즘 말로 '기승전-공부'로 끝을 맺고 있다.

덧붙여 건강과 집안 안부는 덤이었다. 장남 여는 찰방察訪을 지냈고 정4품인 장령掌令으로 증직贈職 되었고 둘째 단은 정9품에, 셋째 진은 정 5품 형조 정랑, 지평을 지낸 뒤 종2품 이조참판을 추사追賜 받았다.

아들에게 보낸 편지

　너희들이 10년 동안(임진왜란과 집안 문제로) 학문을 닦지 못하고 우환으로 분주하다 보니 세월은 이미 지나버렸구나. 이 또한 하늘의 명운이니 어찌하겠느냐? 아비도 젊은 시절, 과거 공부는 안 하고, 하는 일 없이 세월 보내기를 너희와 같이 한 적이 있다.

　경신년(서애가 19살) 겨울, 〈맹자孟子〉 한 벌을 갖고 관악산에 들어가 몇 달 동안 스무 번을 읽고서야 가까스로 처음부터 끝까지를 외울 수 있었다. 산에서 내려와 서울로 들어올 때 말 위에서 다른 일은 생각지 않고 맹자 첫 권인 '양혜왕' 편부터 끝권인 '진심편'까지 모두 마음속에 담아 외웠다. 그러자 정밀히 깊은 뜻은 알지 못해도 이따금 마음에 와 닿는 곳이 있었다. 이듬해에는 하회에 와 있으면서 춘추를 서른 번이나 읽었는데 그때서야 문장 짓는 법을 조금은 알게 되었다.

　뜻밖에도 다행히 과거에 급제는 했으나 지금에 와서 생각해 보면 당시 몇 해 동안 사서四書를 백 번씩 두루 읽지 못한 것이 매양 뉘우침으로 남는다. 만일 그렇게 했다면 성취한 바가 오늘날같이 보잘것 없지는 않았을 것이다. 그것이 매양 너희들을 위하여 사서를 읽지 않을 수 없다고 하는 이유이다.

요즘 서울의 소아小兒(젊은이)들은 마치 시장 상인들처럼 다만 효과가 빨리 나타나는 것만 취하고 빨리 되는 길을 구하기만 한다. 성현이 저술한 책은 높은 시렁에 얹어 둔 채, 날마다 영악하게 사람을 기쁘게 해주는 자질구레한 남의 글을 훔쳐 모아 시험관의 눈에만 들게 꿰맞춰서 성공한 자들이 많기는 하다. 그러나 이것은 약삭빠르고 법망을 교묘하게 속이는 것으로 너희들같이 성품이 둔하고 어리석고, 유명해지기 위해 다투기를 잘하지 못하는 자들이 본받을 바가 아닌 것이다. 가장 못생긴 모모嫫母가 가장 예쁜 서시西施(중국의 4대 미녀)를 흉내 내는 것조차도 사람들의 비웃음을 받는 법이다. 하물며 저들은 서시처럼 잘생긴 것도 아니며, 너희들이 모모와 같이 못생긴 것도 아닌데 무엇 때문에 이러한 짓을 해야 되겠는가?

대체로 학문의 성취 여부는 나에게 달려 있고, 벼슬을 얻고 못 얻고는 천명에 달려 있으니 내가 마땅히 해야 할 일을 다 하고 나서 하늘에 운명을 맡길 따름인 것이다.

〈자치통감〉도 또한 사가史家들의 지침서이니 어찌 읽지 않을 수 있겠는가? 너희들도 이께 나이가 들었으나 여러 가지로 일거리가 많아 사서와 시서詩書를 아직 너희 것으로 만들지 못했는데…. 또다시 몇 해가 지나간다면 아무것도 아는 것도 없이 오두막집에서 눈물만 흘리는 한 남자가 되는 일을 면키 어려울 것이니 이 아비가 어찌 근심하지 않겠는가?

그리고 경서經書는 문장이 깊고 그 뜻이 정밀하고 심오하니 반드시 갖은 힘을 다하여야 알 수 있을 것이다. 사가들의 책은 경서에 비할 바 아니지만, 경서를 읽는 여가에 쉬지 않고 되풀이하면서 여러 책을 읽으면 또한 꿰뚫어 통달할 수 있을 것이다.

이같이 한다면 두 가지 다 얻을 수 있을 것이므로 마음에 깊이 새기기를 바란다.

《서애문집》

《징비록》을 포함한 류성룡의 모든 글이 담긴 그의 목판본 《서애문집》. 서애
와 임진왜란을 연구하는 중요자료이다.

16. 시인 서애

숲속에 새 한 마리 쉬지 않고 우는데,	林間一鳥 啼不息
문밖에는 쩡쩡 나무 쪼개는 소리 들리네.	門外丁丁 聞伐木
만물의 원기 모였다 흩어지는 것도 우연인데,	一氣聚散 亦偶然
단지 한스러운 것은 평생 부끄러운 일 많이 한 것일세.	
	只恨平生 多愧怍
권하노니 자손들아 모름지기 삼가하여라,	勉爾子孫 須愼惧
충효밖에 달리 해야 할 일이 없는 것임을!	忠孝之外 無事業

이 시는 류성룡이 임종을 앞두고 자제들을 훈계하기 위해 쓴 것이다. 888수首. 서애가 남긴, 아니 지금까지 밝혀진 그

가 지은 시[漢詩]의 숫자다. 한시漢詩는 시체詩體에 따라 5자가 한 구절로 된 오언시五言詩와 7자인 칠언시七言詩가 일반적이고 가장 많다. 물론 사언시나 글자 수에 제한 없는 것들도 있다.

우리가 흔히 듣는 칠언절구七言絶句란 한 구절 7자, 기승전결起承轉結 4구절로 된 것을 이른다. 칠언율시는 두 구절을 하나로 묶어 연聯이라고 하고 수함경미首頷頸尾 8구절로 된 것을 이른다.

그의 시는 이 모든 형식을 갖춘 것이 대부분이나 아무것에도 구애받지 않은 것도 적지 않다. 그만큼 자유로움과 여유를 보여준다. 시詩의 형식은 역사와 위인을 노래한 서사시로부터 감성적인 서정시 그리고 요즘으로 보면 극시劇詩에 해당하는 것들도 보인다. 시의 소재가 된 대상을 놓고 보면 나라 걱정, 백성 걱정 부모 걱정 등 '충효'가 가장 많고 학문적 토론, 대자연과 풍경 예찬, 친구와 주고받은 것이나 일상적인 삶의 소소한 이야기까지 다양하다. 888수에 이르는 그 많은 시를 다 분석한 것을 볼 수도 소개할 수도 없으니, 그보다는 그의 시가 품고 있는 내용이 어떤 것인지 몇 작품을 들어 살펴본다.

하룻밤 새 써늘한 계곡에 푸른 물결 넘쳐나고,

협곡의 구름이 비가 되어 날리니 나그네 도롱이가 축축해지네.

……

그 해 헛되이 출동했던 동산의 늙은 출정인이,

백성에게 묻고자 하는 것은 '그대들은 어찌하나'일세.

一夜寒溪漲綠波 峽雲飛雨濕征蓑 ……

當年枉起東山老 爲問蒼生奈爾何

　　전령을 받고 계곡을 지나던 중 소나기를 맞아 쓰고 있던 도롱이가 다 젖는 바람에 온몸이 축축해진 상황에서, 백성들을 향해 '도롱이조차 없는 그대들은 어찌해야 하나'며 탄식한다. '도롱이'는 풀로 만든 옛날 비옷이고, '출정인出征人'이란 전쟁터에 나가는 군사를 말한다.

건업의 물맛은 멀리서도 알 수 있으니,　　　　縣知建業水

무창의 물고기 맛보다 훨씬 낫다는 것을.　　　　絶勝武昌魚

　　'백성이 살기 좋다는 건업 땅의 물맛이, 살기 힘든 땅 무창의 물고기 맛보다 낫다'는 말로 '맹물만 마시다 죽는 한이 있어도 내가 잘살기 위해서 백성들을 고달프게 할 수 없다'는 서애의 심정을 읊은 것이다. 이는 중국 삼국시대의 고사를 인

용한 것인데, 오吳 왕이 수도를 건업(지금의 남경시)에서 무창
(지금의 우한시)으로 옮기려 하자 백성들이 '차라리 건업에서
맹물 마시다 죽지, 무창에서 물고기 먹기 싫다'며 노래한 것이
다. 이처럼 그는 자신의 고달픔에 앞서 백성들의 고통을 먼저
헤아리는 재상宰相이었다.

　물론 이러한 딱딱한 내용만 있는 건 아니다. 친구들과 함
께 밤을 지새우며 고향 생각에 눈물짓는 애절함을 담은 것도
있다.

> 갈림길에서 허둥지둥하다 보니 이처럼 백발이 됐고,
> 세상사 변화에 맞추다 보니 일의 전후가 이상해졌네.
> 세밑에 친한 벗들과 객관에서 한잔했는데,
> 술 깼을 때 성긴 빗방울이 추련에 떨어지네.
> 고향 생각에 한 맺힌 3년 세월,
> 관산關山(고향산) 곡만 피리로 불었네.
> 청명한 절기 되니 푸른 하늘에 조각구름만 떠가네.

　이 밖의 많은 시는 지금까지 오다가다 풀었고 가슴 적시는
시 한 편을 다음 페이지에 소개한다.

보리죽 예찬

흉년으로 먹을 것이 모자라니	年饑食不足
목숨을 범벅 죽에 의지하네.	性命寄饘粥
김 군이 의성宜城(옛 예안禮安)에서 왔는데	金生宣城來
먹을 것이 또한 걱정이네.	所患亦在食
서로가 죽 품질을 논하여	相與論粥品
색과 맛으로 가린다고 했지.	色味詳推擇
김 군이 흔연히 웃으며	金生欣然笑
쌀죽이 진짜로 제일이라고.	豆粥眞第一
내 보리죽을 제법 잘 먹기로	我頗慣食麥
보리가 뒷줄 서는 게 부끄럽네.	恥麥居後列
한참 서로 변론하여	良久各分疏
끝끝내 굽히질 않네.	固守終不服
내 말하기를 서로 같으니	我言相等耳
굳이 서로 우열을 주장할 것 없네.	不必强優劣
무루정蕪蔞亭과 호타하滹沱河에서	蕪蔞與滹沱
다 같이 문숙文淑을 구출했으니	一般救文叔

결국 나물국보다 나아	終然勝菜羹
주린 창자를 요기할 수 있거든.	足解飢腸熱
옆에 있던 부잣집 아이가	傍有富家子
손뼉 치며 깔깔대네.	撫掌一大噱
우리 집에는 죽 먹지 않으니	吾家不喫粥
쌀밥도 나쁘지 않네.	玉食眞不惡

　　예안(지금의 안동 녹전)에 사는 처가로 조카뻘 되는 김부金頫라는 젊은이가 찾아왔으나 끼니가 걱정인 서애가 그와 나눈 죽粥 이야기를 쓴 시다. '무루정과 호타하에서 문숙을 구출하다'라는 말은 중국 후한시대 양자강 가에서 길을 잃고 헤매던 위나라 장수 문숙이 팥죽과 보리죽으로 견뎌냈다는 고사에서 인용한 것이다. 10년 재상을 지냈으면서도, '어느 지방 고기 맛이 어떠니, 어느 생선이 가장 맛있느니, 어떤 술이 가장 좋으니'를 논하질 못하고, '주린 창자를 채우는 데는 그래도 보리죽만한 것이 없다'거나 '꿀꿀이 죽—이것은 보리죽보다 낫지만 남은 밥이나 반찬이 있어야 끓이지 않느냐'는 등의 이야기를 나누어야 하는 것이 찡하게 가슴 저미며 눈시울을 붉히게 만든다. 너무나 가난했던 그 시대 조선과 그 나라 영상의 슬픈 자화상이여.

17. 서애식 '낭만에 대하여'

널리 알려져 내려오는 야담 하나. 다섯 문인이자 정치가가 모여 술잔을 기울이며 노는데, '세상에서 가장 아름다운 소리가 무엇이냐'를 두고 한 말씀씩 했다나.

송강 정철鄭澈은 밝은 달빛이 누각 머리를 비추는데 달빛을 가리고 지나가는 구름 소리라 했다. 일송 심희수沈喜壽는 온 산 가득 찬 붉은 단풍에 먼 산 동굴 앞을 스쳐서 불어가는 바람 소리라 맞장구쳤다. 서애 류성룡은 새벽 잠결에 아내의 술 거르는 소리라 하고, 월사 이정구李廷龜는 산골 마을 초당에서 도련님의 시 읊는 소리라 했다. 백사 이항복李恒福은 깊숙한 골방 안 그윽한 밤에 아름다운 여인의 치마 벗는 소리라 했다. 백사 이항복 대감의 판정승.

그런데, 이들 다섯 사람이 함께 모일 수는 없는 것이 송강과 월사의 나이 차는 무려 28년, 정철이 임진왜란 바로 이듬해인 1593년 세상을 떠났는데 그때 이정구는 우리 나이로 겨우 스물아홉이었다. 누군가 그들이 한 말씀을 한 자리에 모아 술자리를 벌인 것으로 보면 되겠다.

여기서 보듯이 류성룡은 '아내의 술 거르는 소리'가 세상에서 제일 아름답다고 했을 만큼 애주가며 애처가였고 낭만을 즐길 줄 아는 선비였다. 그러면서도 그는 뜬구름이나 바람 소리 아닌 막걸리라는 현실과 아내의 손끝에서 아름다움을 찾았다. 서애는 막걸리를 무척이나 좋아했고, 거문고를 타며 술자리를 즐길 줄 아는 낭만파였다. 가난 속에서도 그러한 멋과 양반으로서 기개와 고고함을 지녔었다.

언젠가 선조가 그에게 호피 한 장을 하사했다. 호랑이 가죽은 당시에도 꽤나 값비싼 물건이었다. 그는 그것으로 쌀을 산다거나 자갈논이나 밭뙈기 한 평을 사는 대신 조그마한 낡은 정자 하나와 바꾸었다. 바로 충북 단양의 절경 가운데 하나인 사인암舍人巖 근처 운선구곡雲仙九谷 가운데 제3곡에 해당하는 수운정水雲亭이 그것이다. 그곳 편편한 바위에다 바둑판과 장기판을 새겨 두었다. 수운정은 신선도에 가끔 볼 수 있는 그런 그림 같은 곳으로 참으로 운치 있고 아름답다. 그는 나중 그곳에서 심신 수양과 함께 친구들과 어울려 지냈으면 하는 꿈에서 마련한 것인데 관직에 얽매어있느라 써 보지도 못했을 뿐더러 나중 이것이 탄핵의 빌미 가운데 하나가 되기도 했다. 서애는 훗날 이에 대해 후배에게 보낸 서찰을 통해 아픈 마음을 토로한 적이 있다.

'수운정이 있는 땅은 참으로 아름다운 곳이나 다만 임자를 잘못 만나 붉은 바위 낭떠러지와 비취색 절벽(단애취벽丹崖翠壁, 사인암을 말함)이 모두 나를 탄핵하는 글귀 속에 들어갔으니 ……. 만일 산신령이 알았다면 일찍이 나에게 이를 통지해 줘서 거절하였을 것이기에 웃을 일일 뿐입니다.'

그러나 '이러한 온갖 비방도 모든 걸 비운 지금 그것 때문에 마음이 어지럽히지는 않는다'고 말한다. 나중 노산 이은상鷺山 李殷相이 이곳을 찾아 시 한수를 읊었다.

역사는 물같이 흐르는 것, 사람은 구름같이 가는 것.
옳은 인人 어디 있고, 그른 이는 누구인고.
수운정 이름 그대로, 물과 구름만 남았구려.

그리고 그 바쁜 와중에 틈틈이 거문고를 익혔고 피리를 불

줄 알았다.

> 봉우리마다 소나무 편백나무 우거지고 오르락내리락 산길이
> 나 있는데,
> 돌다리 서쪽에 온갖 잡풀로 엮은 여관 한 채 쓸쓸히 앉아 있네.
> 얼큰히 술에 취해 거문고 타며 저물녘의 흥취 돋우는데,
> 찬바람 서린 달빛이 앞쪽 계곡에 가득하네.

늦가을 그림에 적혀있는 화제畫題에 빠져 달빛 아래서 술
에 취해 거문고를 타며 읊은 시다.

그는 또 허난설헌許蘭雪軒의 시를 보고는 중국의 한漢, 당
唐, 위魏 나라 어떤 시보다 훌륭하다며 찬탄을 금치 못했다.
그녀의 6살 아래 동생인 홍길동의 작가 허균이 그녀 시집 〈난
설헌고〉에 추천사 격인 발문을 써 달라는 요청을 받고 '허공
에 핀 꽃이나 물속에 비친 달과 같이 맑고 영롱해서 눈이 부
셔 볼 수조차 없다.'며 칭찬했다. 한마디로 까무러치게 잘 썼
다는 말인데, 그러면서 '보배처럼 간직해서 반드시 후세에 전
해주길 바란다'고 격려했다.
허난설헌은 당대의 '신여성'이자 '자유부인'이었다. 27살에
요절한 그녀의 시는 훗날 허균이 모반죄로 집안이 몰락하면

서 금서가 됐고 그동안 일본과 중국에 퍼져있던 그녀의 시집이 역수입되어 당시 문인들 사이에서는 단연 화제가 됐었다. 그녀의 시는 200여 편 넘게 전해오는데 그 가운데 딱 한 편만 소개한다.

'색주가를 노래함[大堤曲]'이라는 시에서 별 볼 일 없는 주정뱅이 남자들을 이렇게 비꼬았다.

누가 술 취해 말 위에 탔는가,

흰 모자 거꾸로 쓰고 비껴탄 그 꼴,

아침부터 양양주(고급술의 대명사)에 취한 채,

황금 채찍 휘두르며 색주가에 다다랐네.

아이들은 그 모습에 손뼉 치고 비웃으며,

백동제¹를 불렀다네.

*양나라 시대 대중가요: 아마 얼레리 꼴레리 같은 노래인가 보다.

수운정 옛터

서애의 애환이 담긴 수운정水雲亭 옛터이다. 단양팔경의 사인암 위편 계곡에
있던 정자로, 지금은 터만 남아있다.(사진 류신우)

검이불루

'검이불루儉而不陋 화이불치華而不侈'

검소하나 초라하지 않고, 화려하나 사치스럽지 않다.《삼국사기》〈백제百濟 본기〉에 나오는 말이지만, 서애 류성룡의 낭만에 젖은 멋진 사고나 종택의 생활문화를 나타내는 데 딱 어울리는 말이다. 서애 종택 충효당은 '진짜 양반 가문이란 어떠한지'를 보여주는 모범이라 할 수 있다.

사람들은 대대로 내려오는 엄격한 양반 가문 충효당은 허례허식과 번문욕례繁文縟禮로 가득한 '꼰대' 문화가 자리할 것으로 얼핏 잘못 생각할 수 있을지도 모른다. 번문욕례란 예절이나 절차 등이 쓸데없이 번거롭고 융통성 없이 까다롭다는 말이다. 그러나 충효당은 그 반대다. 허례허식 대신 검소와 소박함이 자리하며, 뻣뻣하고 융통성 없는 것이 아니라 현실적인 간결함과 단아함이 생활문화의 기본이다. 종택뿐 아니라 대소가문 집안 모두가 그러하다.

허례허식의 대명사인 제례祭禮의 경우다. 불천위不遷位를 제외한 보통 제사상은 아주 단출하게 차리고 절차 또한 간소하다. 특히 묘제墓祭의 경우, 주과포酒果脯(술, 과일, 말린 고기) 세 가지만 차려두고 헌작獻酌(술잔 올림)도 한 번으로 줄이고 축문, 국궁도 생략한다. 이것도 물론 경우에 따라 융통성을 두며 '꼭' 그렇게 하라는 건 아니다. 불천위란 나라에 공헌이 커 대대손손 제사를 모시도록 조정이 허락한 것으로 풍산류씨 가문에는 서애 류성룡을 포함 6명이다. 서애 3대, 즉 부친 류중영, 서애, 그리고 아들 류진과 서애 형님인 겸암, 서애 당숙인 귀촌 류경심, 파산공 류중엄이다. 이 제사도 화려하게 차린 듯 보이나 결코, 사치스럽지 않으며 중후함과 엄숙함이 담긴 제례로 치러진다.

제사뿐 아니라 생활에서도 자율과 여유 속에서 질서를 지킨다. 한 가지 예를 들면, 마을에서 자전거를 타고 가다 연장자 어른을 만나게 되면 내려 인사한 다음 다시 자전거에 오른다. 존경과 예절은 지키되 비굴하지 않고 권위는 갖되 겸손을 잃지 않는다.

호칭에서도 그렇다. 때와 장소에 따라 엄격해야 할 경우가 있으나 부모 형제간 정이 떨어질 정도로 딱딱한 그런 일은 없다. 때로는 존칭으로 때로는 편하게 부르며 친족간의 우애를 다진다. 겸암 서애 형제간의 우애에서 볼 수 있듯이 말이다.

그리고 이러한 가풍과 문화가 잘 전수되려면 이 집 안주인들의 영향이 또한 절대적이다. 서애의 13대째 종부宗婦(종가 맏며느리) 박필술은 박학다식한 종부로 이름을 떨쳤다. 선조, 광해군, 인조반정을 두고, 7, 80년대 당시 최고의 역사학자 이병도와 TV '맞짱' 토론을 통해 그 실력을 유감없이 발휘해 화제가 되기도 했다. 그녀는 명문가의 여인들이 지켜야 할 교훈을 담은《명가의 내훈》이라는 스테디셀러를 펴내기도 했다.

또 14대째 종부 최소희는 우리나라 부자의 노블레스 오블리주 전설이자 모델로 존경받는 경주 최 부잣집 둘째 딸이다. 베푸는 삶을 실천하는 부잣집의 존경받는 문화와 뼈대 있는 양반 가문의 올곧은 문화를 아우르며 전통을 이어가는 중심 역할을 다했다. 지금은 60대 젊은(?) 종부에게 짐을 넘기고 동네 할머니들과 고스톱도 치면서 여유로운 노년을 보내고 있다. 그는 종부란 '명예와 긍지를 보람으로 갖고 사는 사람'이란다.

섶다리

섶다리는 조상들의 지혜가 담긴 아주 독특하고 합리적인 조그만 까치 다리
로, 마을 이쪽과 저쪽을 이어준다.(사진 류신우)

18. 초상화 없는 영의정

초중고 교과서에 나오는 역사적 인물치고 초상화가 없는 사람이 있을까? 바로 서애 류성룡이 그렇다. 내려오는 공식 영정影幀이 없다. 아무리 '임진왜란' 중이었지만 10여 년 3정승(영의정, 좌의정, 우의정)을 지낸 위대한 인물로 그 뒤에도 9년을 더 살았는데 공식 초상화가 없다니. 그러나 사실이다. 특히 임금이 궁중 화가를 그의 고향인 하회에 직접 내려보냈으나 정중히 거절했다. 그것도 두 번씩이나.

그가 귀향한 뒤, 선조는 도화서圖畫署(궁중 화가부서)의 초상화 전문 화가인 화사畫師를 보내 '공신의 초상화'를 그려오도록 명했다. 그러나 서애는 '나라에 공적은 고사하고 임진왜란을 제대로 처리하지 못한 죄'가 큰데다 '공신을 반려해 달라고 상소를 한 마당'에 그럴 수 없다며 정중히 거절했다. 선조는 '공신 거절 상소를 반려'하고 화가를 다시 보냈으나 서애는 아예 마을 입구에서 쫓아내다시피 되돌려 보냈다. '참 웬만한 고집이요, 고고한 지조'다.

지금 국립현대미술관에 보관되어 있는 서애 초상화는 그가 떠난 지 381년이 지난 1988년 문공부가 제작한 정부의 역사 인물 표준 영정이다. 그린 이는 한의사이자 동양화가로 역사 인물 초상화가인 석영 최광수崔光洙(1932-1990)이다. 그는 서애뿐 아니라, 동의보감의 허균, 고려 시대 승려 의천 대사와 문신 이규보 등의 초상화도 그렸다. 이들 초상화는 역사에 언급된 각종 기록과 인물평을 바탕으로 주인공의 종손과 그 집안사람들의 인물 특징을 종합해서 그려낸 것이다.

그러면 역사에 기록된 서애는 어떻게 생겼을까? 한마디로 '미남 가운데 미남'이다. 선조 때 미남 3총사로 서애 류성룡, 백사 이항복, 한음 이덕형李德馨이 꼽힌다. 물론, 당시 '미스터 조선 선발대회'가 있었던 것이 아닌 만큼 정사 기록이 아닌 야사에 나와 있어 전해지는 이야기다. 특히 서애는 중국과 일본에서 '너무 잘 생겼다는 소리를 지겹도록 들었다'고 해서 당시 한·중·일 3국 관리들 가운데 최고 미남으로 꼽혔다. 결국,

이 3명 가운데서도 류성룡이 으뜸이었다. 하도 잘나서 거리를 다닐 때는 여자들의 등쌀을 피하려 부채로 얼굴을 가릴 정도였다고 전한다.

선조도 그를 '금옥金玉처럼 아름다운 선비'라고 입이 마르도록 칭찬했다고 실록에서 전할 정도다. 그의 소싯적부터 친구였던 홍가신洪可臣은 '그의 안색은 온화하고 기백은 호방했으며, 어떤 경우도 위축되어 피하는 일이 없었다'고 했다. 또 다른 기록에서는 '광채 나는 눈빛이 하도 사나워 그 누구도 그의 눈을 똑바로 쳐다볼 수 없었다.'라고 전한다.

미남 3총사 가운데 하나인 백사 이항복은 '키는 작았으나 풍채가 엄중하고 널찍한 이마에…'라는 글이 남아있으나 서애의 키와 관련된 기록은 없다. 그러나 그가 입던 갑주와 신발 투구 등의 크기로 미루어 짐작하건대, 당시 흔히 말하는 6척 (180cm) 장신에는 못 미쳤으나 보통 이상의 큰 키였음은 틀림없지 않을까 여겨진다. 보물로 지정되어있는 그가 신던 흑혜黑鞋(검은 가죽으로 만든 신)의 크기가 33cm이다. 물론 평상시 신는 것이 아니라 의전용이므로 일상화보다는 크겠으나 작은 크기가 아니다. 또 투구의 높이가 29cm이고, 오늘날 방탄조끼 같은 갑주의 크기를 보더라도 키가 컸을 것으로 여겨진다.

그에 대한 인물화라기보다는 스케치나 캐리커처 정도의 그림이 하나 있다. 명치 27년(1894년) 6월 일본의 야마구치 쓰토무山口鼎가 펴낸 《조선징비록》 표지에 실린 것으로 뚱뚱하고 둥글둥글한 완전 '중국 사람' 얼굴이라, 기록이나 공식 영정과는 너무 거리가 멀다. 일본 병사가 서애를 가까이서 볼수 없었을 테니까 아마 명나라 이여송을 따라온 병사가 그린 것이 아닐까 하고 추측할 뿐이다. 아무튼 내려오는 공식 영정은 없는 서애다.

문공부에서 제작한 표준영정

서애는 영정을 그려주겠다는 선조의 명령도 거부하고 도화서 화원을 돌려보냈다. 그래서 예부터 내려오는 초상화가 없다.

《조선징비록》에 실린 캐리커처

일본이 임진왜란 후 출판한 《조선징비록》에 서애 모습을 그린 삽화가 있다.(사진 류한익)

선조 때 3대 미남

옛사람들이 인물을 고르는 기준 가운데 하나가 '신언서판身言書判'이다. 곧 용모, 말씨, 문필, 판단력이다. 류성룡을 이 기준으로 놓고 볼 때는 어떨까? 용모는 말한 대로 선조 때 3대 미남으로 꼽힌 데다 온화하면서도 호방했다니 더 이상 설명이 필요 없을 것 같다.

다음은 말씨다. 이는 일상적인 말투와 말의 정확성과 논리성 등을 말한다. 수정 실록에 따르면, '그는 평상시에 말이 없고 단정하여 도학자적道學者的 소질과 품위가 넘쳐흘렀다.'라고 기록하고 있다. 즉, 말을 가볍게 하지 않고 그 안에는 항상 뼈대가 있으며 논리적이었다고 평한 것이다. 이와 달리, 때때로 우스개도 잘해서(時時善諧謔) 무조건 근엄하고 딱딱한 말투만이 아니었음을 오랜 벗인 홍가신은 이야기한 바 있다.

다음은 문필이다. 이는 글자 한 자, 한 자의 필체가 지닌 힘과 멋스러움, 그리고 기개를 논함과 동시에 문장력을 의미

한다. 그가 써 놓은 글씨와 글은 매우 많아 이에 대한 평은 여러 곳에서 볼 수 있다. 앞서 말한 수운정의 현판 글씨도 서애가 직접 쓴 것이었는데 정약용이 이를 보고 다음과 같이 경탄하고 존경의 뜻을 표현했다.

'그가 붓을 들어 획 하나를 그은 것이 마치 서로 끌어당기는 철사 줄 같으며, 반듯하게 세워놓은 돌처럼 곧고 힘차게 빼어나서 그 생기 넘치는 광채精彩가 돌연히 사람의 눈을 쏘아 대었다. …… 수운정, 이 세 글자가 품고 있는 것을 놓고 볼 때 공公(서애)이 그 당시 국사에 임하여 큰 뜻을 이뤄낸 자취와 그 무언가 같은 점이 있음을 충분히 상상해 볼 수 있다. 공은 참으로 위인이었다.'

이밖에, 많은 사람이 서애의 일필휘지—筆揮之 그 속에 그의 모든 기개가 살아있고 삼라만상이 다 들어있다며 찬사를 쏟아냈다.

문장력은 논할 필요가 없을 정도다. 반대파인 서인의 남극관南克寬조차도 〈서애집〉을 읽고 '말의 기운이 매우 따뜻하고 인정미가 있으면서도, 상세하게 조사된 현실에 바탕을 둔 대단히 논리 정연한 문장이다. …… 우리나라 경세문警世文(세

상 사람들을 깨우치게 하는 글)은 마땅히 서애가 제일이다.'
라며 존경을 표했다. 그의 문장에 대한 평가를 한마디로 요약
하면 '서애의 글을 읽으면 눈앞에 가려있던 안개가 걷히는 것
같다'는 말로 표현할 수 있다.

끝으로 판단력이다. 의주 파천 때 임금의 뜻에 따라 명으
로 도망가자는 이항복의 말에 서애가 '한 발자국만 벗어나면
이 나라는 우리나라가 아니다.'라며 비판한 적이 있다. 나중
이항복이 서애를 만나, '류공柳公(서애)의 선견지명에 탄복할
따름'이라며 사과했고 그는 그 사과를 기꺼이 받아들인 바 있
다. 이러한 절체절명의 순간에 서애의 판단은 항시 옳았음을
역사는 증명하고 있다.

서애의 신언서판 기준 평가도 A+를 줘도 되지 않을까?

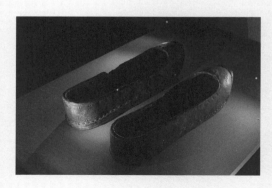

서애가 신던 흑혜
(검은 가죽신)
(사진 류신우)

19. 서애와 탄홍 스님

"땡중 탄홍, 영감께 인사 올립니다."

"어서 오시게, 탄홍 스님."

선조 9년 1576년 봄 류성룡 나이 35세 때다. 3년 전 부친 상을 당했고 병조좌랑 이후 지금껏 백수다. 그 뒤 홍문관 부교리, 이조정랑, 홍문관 교리에 임명되었으나 모두 사양하고 고향에서 칩거 중이다. 예나 지금이나 상대방의 직급을 한두 단계 높여 부르는 건 마찬가지였나 보다. 영감은 정5품, 대감은 정3품 이상 당상관에게 대한 존칭이다.

그의 초가집 마루에 둘은 조그만 소반을 사이에 두고 마주 앉았다. 명색이 술상이나 막걸리 주전자 하나 뚝배기 잔 두 개, 그리고 안주라고는 콩나물 무침과 산나물 한두 개가 전부다. 막걸리는 부인이 직접 거른 것이다.

"영감, 제가 이래서 찾아뵈었습니다."

"허허, 영감이라 부르지 말게. 누가 들으면 큰일날 소릴 하네."

"아예 대감이라 부르오리까? 언젠가 대감이 되실 분인데 ……"

"허, 그러지 말라니까. 그리고 내가 뭐 어때서 찾아왔다고?"

"지금 이 술상이 뭡니까. 저 같은 땡중보다 더 초라하게 드시면 어떡하십니까? 건강부터 챙기셔야지요. 나라에 큰일을 하시자면 우선 몸이 튼튼해야 함은 대감께서 더 잘 알지 않으십니까?"

"산채 나물에 막걸리, 이만하면 됐지. 고맙게 생각해야지."

"땡초인 제가 암자 하나 짓겠다는 욕심으로 그동안 모아 둔 돈이 몇 푼 있습니다. 지금 보니, 부처님 암자보다 영감님 집이 더 급합니다. 이 돈으로 하회에 그런대로 괜찮은 집 하나라도 지어 옮기시고 ……"

"마음은 고맙네만, 그대도 엽전 한 닢 아쉬운 처지에 ……."

'그도 무일푼이면서 나에게 집을 지어 주겠다고? 호의는 고마우나 그걸 내 어찌 받아들일 수 있겠는가. 누군가 후원

자가 있기는 한가본데 ……'라는 내용의 시 한 수를 적어 그에게 농담 삼아 전해줬다.

둘은 이런저런 이야기를 나누다가 서애가 '만일 그게 가능하다면 집보다 조그만 서당을 하나 지어 후학들과 함께 공부하며 지냈으면 좋겠다'고 말했다.

"그러시지요. 어디 마음에 두고 계신 터가 있으신지요?"

서애는 진작부터 옥연정사 자리를 마음에 들어 했다.

'마을 북쪽의 소沼를 건너 돌벼랑 동쪽으로 특이한 터가 있다. 앞으로는 호수의 풍광을 가졌고 뒤로는 높다란 언덕에 기대었으며 오른쪽에는 붉은 벼랑이 치솟고 왼쪽으로는 흰 모래가 띠를 두른 곳이다. 남쪽으로 바라보면 뭇 봉우리들이 들쑥날쑥 섞여서서 마치 두 손을 맞잡고 읍하는 형상이 한 폭의 그림 같다. 어촌 마을 두어 집이 안개 속 나무 사이로 강물에 어리어 아른거리고……'.

이곳은 인가와 멀리 떨어지지 않았으나 앞에 깊은 물길(소沼)이 있어 오고자 하는 사람이 있어도 배가 없으면 올 수가 없다. 그래서 배를 북쪽 기슭에 매어두면 객이 와서 모래에 앉아 이쪽을 향해 소리쳐 부르다가 응답이 없으면 대부분 오래지 않아 돌

아가게 되니 이 또한 세상을 피해 그윽하게 들어앉아 사는 일에 한 가지 도움이 될 것이다.'

탄홍은 곧바로 집짓기에 들어갔다. 그러나 공사비가 딸려 짓다마다 다시 짓다 마다를 반복했다. 시줏돈이 생기면 공사를 이어가고 떨어지면 중단하기를 10년, 대역사 끝에 마침내 완공했다.

처음에는 이름을 '옥연서당'으로 지었다가 나중 '옥연정사'로 바꾸었다. 옥연玉淵이란 서원 앞을 흐르는 강의 물빛이 깨끗하고 맑아 옥과 같은 까닭에 그렇게 이름 지었다. 서당書堂과 정사精舍 그리고 서원書院은 다 공부하는 곳이나 조금씩 다르다. 서당은 우리말로 글방으로 번역된다. 정사는 정신수양과 학문을 가르치기 위해 지은 집이다. 서원은 선비들이 모여 학문을 강론하고 석학이나 충절의 공이 있는 사람의 제사도 모시는 집이다.

류성룡은 벼슬을 접고 고향에 내려 온 뒤 오랫동안 이곳에 머물렀으며, 그 유명한 '징비록'을 집필한 곳이다. 서애는 이 집을 짓기 전부터 이곳에 많은 애착을 느꼈을 뿐 아니라 건축이 완공된 뒤에도 곳곳에 끊임없이 손때를 묻히기도 했다.

그런데, 탄홍 스님에 대한 기록은 어디서도 찾아보지 못했

다. 서애와 인연은 어디서 어떻게 시작되었으며 나이가 몇인
지도 나와 있지 않다. 서애를 좋아하고 존경하는 마음에 부
처님 집 지을 돈으로 그의 집을 지었음을 미루어 짐작할 뿐이
다. 부처님이 봤을 때 '나보다 더 부처 같은가? 아니면 땡중인
가?' 하고 웃었을지 모르겠다.

그는 7년이 되도록 집을 완공하지 못하자 조바심을 냈고
서애는 그러한 그를 보고 또 시 한 수를 적어 주며 위로했다.

> 칠 년 만에 겨우 열 칸 집을 지었으나,
> 비바람 그대로 들이치는 빈방에 벽만 덩그렇게 보이네. ⋯⋯
> 가을바람 싱싱 벼랑에 핀 국화 쪽으로 부는데,
> 낙엽은 우수수 아랫마을 쪽으로 떨어지네.
> 탄홍이여, 탄홍 법사여 탄식하지 마시게나,
> 동쪽 마을 산중 은사도 자재를 보태와 집 짓는 걸 돕겠다네.

류성룡의 《서애전서》를 읽다 보면 어느 문집에서나 여러 스
님과 주고받는 이야기가 자주 나온다. 스님들과는 상당히 친
했던가 보다. 탄홍스님 뿐 아니라 농환재도 어느 노승이 지어
준 것이며 이 밖에도 승려들로부터 이런저런 도움을 받았다
는 기록이 가끔 눈에 띈다.

한 가지 재미있다 할까 눈길을 끄는 건 스님에 대한 표현

이다. 우리는 그들을 가리키는 단어로 승려僧侶, 승僧, 스님, 중, 땡중, 땡추, 돌중 등 다양한 표현을 쓴다. 일반적으로, 승려나 스님은 존칭으로, 승과 중은 그런대로, 그리고 땡추나 땡중 돌중 등은 낮추는 것으로 여겨진다.

그런데, 《서애문집》에 실려 있는 스님과의 교우나 교류에 나오는 단어 가운데 승려僧侶는 없고 하나같이 승僧 뿐이다. 물론 옛날의 기준은 지금과 달리 승이라는 단어가 곧 승려와 동격인 존칭으로 쓰인 것인지는 모르겠지만 말이다.

옥연정사에 얽힌 이야기

옥연정사, 중요민속자료 88호로 지정된, 하회를 대표하는 아름다운 건축물 가운데 하나다.

봄을 맞은 강가엔 가랑비 내리고,	細雨春江上
앞산은 어둑어둑 저무는구나.	前山淡將夕
마음에 그리는 사람은 보이지 않고,	不見意中人
매화만 절로 피었다 지고 있네.	梅花自開落

정사 정문인 간죽문看竹門을 시 제목詩題으로 붙인 서애의 시다. 그런데, 여기서 '마음에 그리는 사람'이 누군지 상당히 궁금하다. 관련 자료와 서책을 아무리 뒤져봐도 이에 대한 해설이 없다. 특정 인물이라기보다 그저 막연한 어떤 그리움이라고 본다면 봄비 내리는 정취에 취해 안빈낙도의 삶을 노래한 것으로 여겨질 수 있겠다. 그보다는, 아내를 그리는 사부곡思婦曲이 아닐까 하는 생각이 든다. 새벽에 일어나 남편을

위해 막걸리를 거르던 아내가 그리워서 말이다.

서애는 이곳에서 《징비록》을 집필하는 사이사이 쉬는 틈을 타서 간죽문 밖 빈터에 앉아 쉬면서 이 시를 썼다고 했다. 남편 못지않게 이 집을 무척이나 좋아하고 아꼈던 부인이 세상을 떠난 건 옥연정사가 완공된 3년 뒤였으니까. 서애는 건물이 완공되자 방마다 이름을 지어 붙였다. 그렇게 마음에 들었나 보다.

대청[堂]으로 쓰는 두 칸 너비의 마루는 감록헌瞰錄軒이라 불렀다. 이는 왕희지의 글 '고개 들어 하늘을 보다가 고개를 숙여 파란 물굽이를 내려다 보다'라는 데서 따온 것이다.

대청 동쪽으로, 지금의 사랑채가 있는 편히 쉴 수 있는 두 칸 방이 있는데 이는 세심재洗心齋라 이름 했다. 《주역周易》에서 따온 것으로 '누구든 여기서 머무는 사람은 그렇게 마음을 씻기 바란다'는 뜻이다.

북쪽의 재齋는 세 칸 넓이의 집인데 이곳은 탄홍을 포함 함께 거주하는 스님들의 거처로 불가의 말을 취해 완적재玩寂齋라 했다. 열반의 경지를 보며 생각하는 집이라는 말이다. 또 동쪽에는 벗이 찾아오면 접대하는 두 칸 넓이의 원락재遠樂齋가 있는데, 이는 《논어論語》의 '먼 곳에서 벗이 찾아오면 그 또한 반갑지 아니한가(有朋自遠來 不亦樂好)'라는 문장에서 따왔다.

이곳에서 서쪽으로 나가면 두 칸 너비의 작은 툇마루가 세심재와 나란히 있는데 애오헌愛吾軒이라 불렀다. 이는 도연명陶淵明의 시 가운데 '나 역시 내 초가집을 사랑한다네(吾亦愛吾廬)'에서 지었다.

간죽문 밖 바위에는 처음 보허대步虛臺라 이름하고 이를 기념해서 시를 짓기도 했다가 나중에 달관대達觀臺로 이름을 바꾸었다. 또 주위에 소나무 30여 그루를 스님들과 함께 심으면서 '천년이 지나 하늘 높이 솟으면 봉황의 보금자리가 될 것'이라 말하기도 했다. 그의 말처럼 400여 년이 지난 지금 이곳은 울창한 소나무 숲이 되어있다.

서애는 이 옥연정사뿐 아니라 주위 경관을 노래한 것만도 10수에 이르는 많은 시를 지었다. '아마도 그가 평생 유일하게 갖고 싶어 했던 곳'이 이 집이 아닌가 할 정도로 애착을 지녔던 곳이다. 그러나 아쉽게도 아름답기 그지없는 이 집의 초기 설계도는 없다. 한꺼번에 짓지 못하고 돈이 되는대로 10년에 걸쳐 짓다 보니 전체 그림은 머릿속에 그려두었고 하나씩 지어 간 것으로 여겨진다. 하회에 들른다면 마을 전체를 한눈에 굽어볼 수 있는 부용대에 올라보는 것과 《징비록》의 산실인 이곳 옥연정사는 빠뜨릴 수 없는 장소가 아닐까 싶다.

《초본 징비록》의 한 페이지

이곳 옥연정사에서 서애가 집필한 《초본 징비록》의 한 페이지. 여러 군데 고
치고 지우고 또 고친 것을 볼 수 있다.

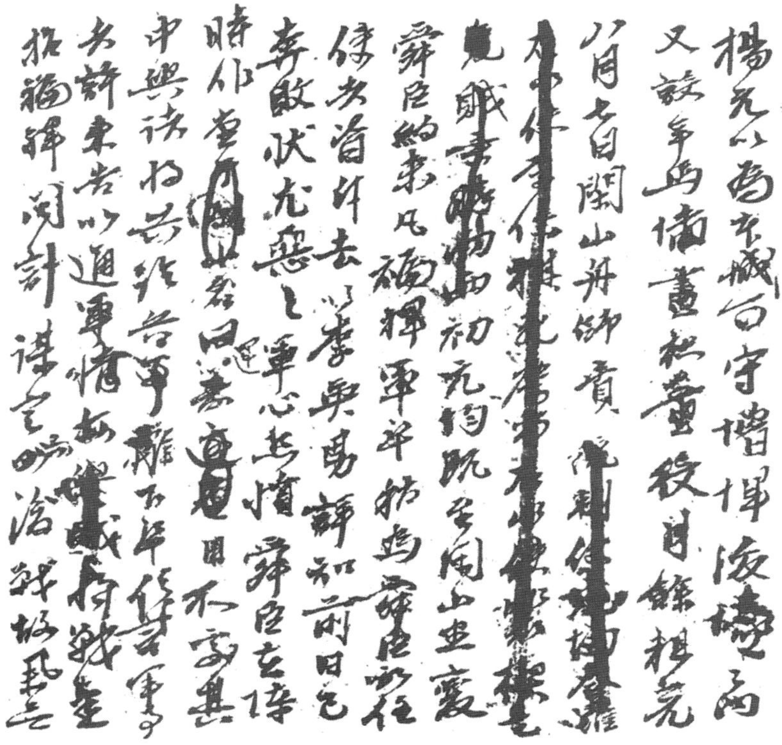

그리고 서애를 이야기하며 빼놓을 수 없는 곳이 병산서원
屏山書院이다. '서애서원＝병산서원'이니까. 1572년, 서애는 풍
산에 있던 풍악서당風岳書堂을 이곳으로 옮겨 새로 지었다.
하회마을에서 화산 산길을 이용하면 딱 10리(4km) 거리에
위치한다. 유네스코 세계문화유산으로 등재된 이 건물은 조
선조 서당 서원 향교 등 학문기관 건물 가운데 백미白眉(최고)
로 꼽힌다.

특히 자연과 어우러진 공간 배치하며 서원의 얼굴격인 만
대루晚對樓의 민흘림기둥과 다듬지 않아 제멋대로 휜 보들의
모양은 보는 이의 눈을 황홀하게 한다. 전체 건축설계는 누
가 했는지 기록은 없으나 아마도 축성과 건축에 일가견을 지
닌 서애의 작품이 아닐까 여겨진다. 만대루에 처음 올랐을 때
의 느낌을 사람들은 '이렇게 아름다운 공간에서 무슨 공부가
되고 토론이 이뤄지겠는가?' 싶었다고 말한다.

서원 보존을 위해 이곳에 이르는 길은 일부러 비포장에 버
스 한 대가 겨우 지나갈 정도로 좁은 길을 유지하고 있으며
만대루는 행사 외에는 출입금지다. 병산서원과 만대루 현판
은 모두 서애 류성룡 후학인 곡강曲江 이호李瑚의 글씨로 알
려져 있다.

20. 사모곡과 사부婦곡

'될성부른 나무는 떡잎부터 알아본다'

스승인 퇴계는 류성룡에게 '하늘이 내린 인물'이라고 평했다. 그는 우리 나이로 네 살 때 천자문을 읽기 시작했다. 여섯 살에 《대학大學》을, 여덟 살부터는 《맹자孟子》를 배웠다. 《대학》은 사서삼경 가운데 맨 처음 읽는 책이고 《맹자》는 사서 가운데 가장 핵심적인 서책이다. 서애가 나중 자식들에게 보내는 편지에서 '스무 번을 읽고서야 그 뜻을 어렴풋이 이해가 갔었고 100번을 읽지 못한 것을 후회한다'고 했을 만큼 《맹자》는 유학儒學에서 중요한 책이다. 그는 특히 《맹자》에 나오는 '눈으로 나쁜 것을 보려고 하지 않았고 귀로는 음탕한 소리를 들으려 하지 않는다'는 백이伯夷(중국의 전설적인 성인)의 글귀에 감동하고 평생을 이에 따르려했다고 술회했었다.

선조 초 재상급을 지낸 원혼元混이 아주 좋은 향을 들고 '인품이 이 향과 같은 자가 있으면 주겠다'고 하자 서로 달라고 했으나 그는 '젊은이 가운데는 류성룡과 홍가신 뿐'이라고 말했을 정도로 젊었을 때부터도 눈에 띄게 빼어났었다.

그가 퇴계 학당에 들어가 공부할 때다. 스승이 서애를 '하늘이 낸 인물'이라며 칭찬하자, 학당 선배인 학봉 김성일이 '내가 퇴계 선생 밑에 오래 있었으나 한 번도 제자들을 칭찬하는 것을 본 적이 없는데 그대만이 이런 칭송을 받았다'며 부러워했다. '그의 눈이 한번 스쳐 가면 그 자리에서 모든 걸 익혔다'고 할 만큼 천재였다고 동문수학 친구들은 말한다.

그는 어떤 경우에도 다리를 비틀고 앉는다거나 기대거나 하지 않고 흐트러짐이 없는 단아한 자세로 공부해서 친구들이 놀라워했다. 또 그는 공부 삼매경에 빠지면 천둥 번개가 쳐도 강도가 들어도 눈 하나 깜짝 않는 침착함을 보였다. 서애가 열아홉 살인가에 《맹자》를 더 깊게 읽으려 관악산 깊은 절간에 들어가 구석진 방에서 혼자 '열공'한 적이 있다. 스님이 그를 시험해 보려고 한밤중에 강도를 가장하고 들어갔으나 꿈쩍 않고 책상에 붙어있음을 보고 '참으로 대단한 젊은이로고'라며 물러났다.

그는 어릴 때 서당에 다니질 않고 아버지와 할아버지 등 집안 어른들을 통해 공부했다. 서애가 여섯 살 때다. 그에게 대학을 가르치던 조부 류공작이 '성룡의 행동은 마치 어른 같다. 어린아이들과 같이 놀긴 하지만 속된 말을 하지 않고 글 읽기에 모든 마음을 쏟아 아버지로부터 꾸지람 듣는 일이 없었다'고 칭찬했다.

그가 맹자를 배우기 시작한 여덟 살 때다. 아버지 류중영 앞에서 '등문공편'을 처음부터 끝까지 한자도 틀리지 않고 기억하고 이해했다. 그러자 부친이 너무나 기쁜 나머지 '오늘은 그만하고 나가 놀아라' 말하자 서애는 '아버지께서 이제부터는 나에게 글을 가르쳐주지 않으시려는가 보다'고 여겨 밥조차 먹지 못했다고 한다.

어릴 때부터 이러한 효심은 성장하면서 더 짙어졌다. 특히 32세에 부친상을 당한 이후 홀로 계시는 어머니에 대한 효성은 지극정성이었다. 35세까지 여러 관직을 사양하다가 그해 4월 사헌부 장령에 임명되자 곧바로 휴가를 얻어 하회의 모친을 찾았다. 그리고 가을 홍문관 부응교에 임명받자, '충청

도와 경상도의 조그만 고을 목민관이 되어 노모를 모시도록 해 달라'며 주청했으나 윤허 받지 못해 안타까워했다. 이후, 39세까지 해마다 두 차례 이상 꼭 노모를 찾아 인사했고, '노모 봉양'을 위해 끊임없이 관직을 사양하자 선조는 하회와 가까운 상주목사尙州牧使로 임명해, 그의 바람에 도움이 되도록 해줄 정도였다.

선조 28년 1595년, 전쟁이 소강상태에 들자 54세의 그는 휴가를 얻어 칠순 노모를 보러 천리 길을 떠났다. 여주에서 하루를 묵으면서 빨리 노모를 보고 싶은 마음을 시로 읊었다.

> 지쳐 병든 나그네 먼 곳에 그리운 님(노모)있어,
>
> 이리 뒤척 저리 뒤척 잠 못 이뤄하네. ……
>
> 천지가 넓고 넓어 그 끝이 없다 해도,
>
> 날 밝으면 홀로 다시 먼 길을 떠나려네. ……

안타깝게도, 다음 날 길을 재촉하는데 선조가 휴가를 취소해버렸다.

이렇듯 그는 틈만 나면 노모를 뵈러 가려 했으나 여의치 않아 애만 태웠는데 모든 관직에서 쫓겨나 귀향한 다음 해 모처럼 모친을 위해 조촐한 잔치를 베풀 수 있자 그렇게 좋아할 수 없었다고 한다. 그 어머니 또한 매일 새벽 첫닭이 울면 일어나 정화수를 떠 놓고 '우리 아들은 집에서는 효자요, 나라에는 충신이었습니다(吾子在家爲孝子, 在國爲忠臣)'라며 하늘에 빌었다.

어릴 때부터 효성이 지극했던 그는 부모가 정해준 대로 17살에 당시 하회 이웃 용궁 현감 이경李坰의 18살 맏딸과 혼인했다. 그녀의 6대조가 광평대군이니 세종대왕이 7대조인 왕실 대군가大君家의 자손이다. 둘은 금실 좋게 잘 살다가 서애가 48세, 결혼 31년이 된 해 부인이 먼저 세상을 떠났다. 왕손 출신 부인은 가난을 낙으로 여기는 청백리 남편을 위해 '새벽에 일어나 지아비가 좋아하는 술을 빚는' 그러한 현모양처였고 남편 또한 아내를 무척 아끼고 사랑했음을 그가 남긴 여러 글에서 엿볼 수 있다.

그런데도, 서애가 남긴 그 많은 시 가운데 먼저 간 아내를 그리는 '사부곡思婦曲'이나 비슷한 제목이 붙은 시는 한 편도 없다. 그러나 '연좌루에서 가을을 생각하며'라는 제목의 시 3편 가운데 두 번째 시는 '아내를 그리워하며'라는 제목을 붙여도 좋을 만한 것이 있다.

부인은 오랫동안 기다려도 오지 않고,	伊人久不來
산의 풍경만 석양 속에 잠기었네.	山景欲沈夕
물가의 난초를 비바람이 휩쓸고 간 뒤,	風雨捲汀蘭
아지랑이 가득한 강물만 저녁노을 검붉게 물들이네.	煙波生晚碧

여기서 첫 단어 '이인伊人'은 직역하면 '그 사람'인데, 서애는 여기서 "'이伊' 자는 '부夫' 자로 쓸 수 있다. 伊作夫"라고 친절하게 해석까지 붙였다. 그렇게 되면 첫 단어는 부인夫人이 되고, '부인은 오랫동안 기다려도 오지 않고'가 된다. 시를 읊은 연좌루燕坐樓는 마을 원지정사 서쪽에 있는 누정樓亭(정자)으로 여기서는 강 건너편 부용대와 옥연정사가 한눈에 보인다. 옥연정사를 보며 먼저 간 아내를 그리는 것으로 풀이할 수 있겠다.

또 하나는, 은근슬쩍 시에다 그리움을 담은 것을 볼 수 있다. 앞서 말한 바 있는 옥연정사 간죽문을 그린 시 가운데 이런 내용이 있다.

봄을 맞은 강가엔 가랑비 내리고, ……	細雨春江上
마음에 그리는 사람은 보이지 않고,	不見意中人

앞서 것과 비슷한 분위기와 표현이다. 그녀를 기리는 묘지 墓誌(죽은 사람의 일대기를 기록한 글)에서는 더욱 애틋한 사랑을 나타내고 있다. 묘지석은 이를 돌에 새겨 무덤 안에 묻는 것을 말한다. 무려 560여 자에 이르는 긴 글에서 그는 고향에서 휴가를 마치고 '귀경하는 길에 광나루 뱃전에서 부인의 부음을 듣고 집에 도착하니 이미 입관까지 끝냈다는 소식이 와있어' 오열했다고 말하며 글을 이어갔다.

'오호통재라. 그대는 서울 사람(京人)이고 평소에도 매일 서울 생활을 그리워했는데.'

시 속으로 한 발 들어가 보면, 서울에 살고 싶은 사람은 서울에 없고 자기 혼자만 와있어 미안하고 애통하고 가슴을 아리는 괴로움을 아내가 못내 그리워했던 모습으로 에둘러 표현했다. '미안하오, 고맙소, 그리고 사랑했소.'라는 애절함을 말이다.

연좌루

낭만가 서애는 먼저 간 아내를 그리며 연좌루燕坐樓에서 사부곡思婦曲을 읊었다.(사진 황헌만)

외손 봉사 450년

해마다 11월 첫 토요일 아침이면 서울 일원동 수서역 근처 광평대군 묘역 동쪽에 자리한 한 쌍분 묘 앞에 20명 안팎의 사람들이 모여 묘제墓祭를 지낸다. 무려 450여 년을 이어온 이 제사의 제주祭主는 서애 종손이다. 참배자는 물론 류씨 집안 사람들이다. 누구의 묘역일까?

유택의 주인은 세종대왕의 다섯째 아들 광평대군의 5대손인 용궁 군수 이경李坰 내외분이다. 그런데 왜 전주이씨가 아닌 풍산류씨 가문에서 제를 올릴까? 그들은 바로 서애 류성룡의 장인 장모이기 때문이다. 서애는 처가가 대를 이을 손(孫)이 끊어져 제사를 모실 수 없게 되자 맏사위인 자신이 맡아 모시기로 약속했다. 예부터 '아내가 예쁘면 처가 말뚝에다 절을 한다'고 했던가. 서애는 사랑하는 아내를 위해 이른바 외손봉사外孫奉祀를 자처한 거다.

그는 그렇다 치고 그 후손들 또한 대단하다. 서애로부터 15세대에 이르는 지금껏 450여 년을 한해도 빠트리지 않고 정성껏 제사를 모신다. 지금이야 교통이 좋아 그렇다 치더라도 그 옛날 하회에서 이곳까지 오가자면 한 달은 잡아야 하며 비용도 무시 못 했을 텐데도 그랬다. 지금도 문중에서 묘제를 담당할 유사有司가 선정되어, 2-3년씩 맡아 묘를 관리하고 제사를 준비한다.

서애 류성룡은 대대로 이어 온 명문 양반 가문에다, 뛰어난 천재에, 더해서 절대 미남이었으니 젊었을 때 신랑감으로는 A+였을 것이다. 그를 눈여겨본 이웃 용궁 현감이 사윗감으로 점찍어 맏딸을 그에게 시집보냈다. 덕분에 지금껏 외손봉사를 받고 있으니 선견지명이 있었는지 모를 일.

서애 류성룡은 시대를 앞서 나가는, 그러나 조용한 개혁가
이다. 밑바탕부터 때려 엎는 혁명이 아니라 '큰 강의 흐름은
막을 수 없으나 물길은 바꿀 수 있다'는 것이 기본 생각이다.
패거리 정치, 피 튀기는 당파 싸움의 격랑 속에서도 자신의 길
을 꿋꿋이 걸으면서 7년 전쟁을 버텨낸 그 지혜와 용기, 백성
사랑이 이를 말해준다. 그의 사상은 '현실'이라는 바탕에 '충
효'라는 이론과 '실용'이라는 방법의 두 기둥을 세우고 '개혁'
으로 지붕을 덮은 백성을 위한 그런 집이다.

　그의 '아니 되옵니다'는 반대를 위한 반대, 정-반의 반反을
주장하는 파괴적 반대가 아니라 발전을 위한 정-반-합의 건
설적, 창조적 반대다. 의주파천에서 보여준 바도 그렇다. 임
금의 수레가 한 바퀴만 중국에 닿으면 '이 나라는 이미 조선
이 아니다'라는 합리적·논리적 반대에 의병과 정규군의 민관
합동군으로 전세를 역전 시키자는 현실적 대안을 제시하면서
'이 나라를 지켜 내고자'하는 합을 이뤄내자는 것이었다.

　그가 제시한 모든 정책을 행동으로 옮긴 것을 보면 모두가

현실적으로 가능한 개혁을 주창한 것들이다. 임진왜란이 시작된 지 3년이 지난 1594년, 그가 올린 약식 상소장인 '진시무차陳時務箚' 일부를 그대로 옮겨본다.

"······ 평상시 상번 기병의 수가 모두 23,700명인데 각각 3명의 보인까지 합하면 모두 9만여 명입니다. 보병은 16,200명인데 1명의 보인을 합하면 3만2천 명입니다. 기병과 보병을 모두 합하면 122,000명인데 ······ 이밖에도 각사의 모든 인원이 2,177호가 있으며 각각 봉족 2명씩이 있고, 각사의 조례가 모두 3,628명으로 ······ 만약 상번하는 자만 제외하고 봉인마다 쌀 한 섬을 받아들여 군량으로 하게 되면 그 수량이 장차 10만 석에 이를 것이며 ······ 보리나 쌀 콩 등 잡곡으로도 수량만 채워서 납부할 수 있게 하면 부담이 가벼워 백성 모두가 기뻐할 것입니다. ······"

상번, 기병, 보인, 봉족, 갑사, 등등 용어가 많이 나오는데 생략하고, 여기서 중요한 것은 재상이라고 해서 '가구당 1석씩 군량미'로 내게 한다든가 하는 뜬구름 잡는 식의 탁상공론이 아니라는 것이다. 이렇게 '구체적 숫자'를 제시하고 '가능한 방법', 백성 그 누구에게도 피해가 가지 않거나 줄일 수 있는 '현실성 있는 정책'을 제시한 것이다. 또 그는 현장을 직접 확인한다. 공명첩으로 거둬들인 곡식이 과연 장부 숫자와 맞는지를 현지에서 맞춰보느라 짚 더미에서 자는 곤욕도 마다하지 않았다.

공무뿐 아니라 사적 일에서도 마찬가지였다. 조상의 묘소가 안동에, 의성에, 경주 등 '어디쯤' 있다가 아니라 10여 곳을 직접 발로 찾아가 확인하고 '어디에 있다'는 것을 기록했다.

'세상에서 가장 아름다운 소리'조차도 빗소리 바람 소리 구름 흘러가는 소리 등 다 빼고 '새벽에 아내의 술 거르는 소리'가 제일 좋다는 '낭만'조차도 현실에 바탕을 두고 말한다. 그렇다고 인정 없는 드라이한 인간이 아니라 눈물 많은, 너무나 인간적이었고 어린이들을 노래한 동시를 짓는 순수함을 지닌 촌로이기도 하다.

임진왜란 7년을 온몸으로 버티고도 모함으로 쫓겨나면서, 삭탈관작까지 당한 처절함 속에서도 보통 사람으로서는 상상할 수조차 없는 초연함을 견지하는 그의 인품에 저절로 고개가 숙여지지 않을 수 없다.

과연, 이 시대의 류성룡은 누구일까?

1542년(중종37년)	10월1일: 경상도 의성현 사촌리에서 황해도 관찰사 류중영柳仲郢의 둘째 아들로 태어나다.
1554년(명종9년:13세)	사대부 교육기관인 동학東學에서 중용中庸 대학大學을 배우다.
1557년(명종12년:16세)	향시鄕試에 합격하다.
1558년(명종13년:17세)	광평대군 5세손 이경의 딸(18세)과 혼인하다. 관악산에 들어가 맹자孟子를 숙독하다.
1562년(명종17년:21세)	안동에 있는 도산서원에 들어가 수학하다. 스승 퇴계 이황李滉으로부터 '하늘이 내린 사람'이라는 말을 듣다. 학봉 김성일金誠一을 만나다.
1563년(명종18년:22세)	생원 초시初試에 합격하다.
1564년(명종19년:23세)	초시 합격생들이 서울에 모여 다시 보는 생원 회시會試에서 1등을 하다.
1566년(명종21년:25세)	문과文科 중 병과丙科에 급제. 승문원 권지부정자權知副正字로 임명받아 관직을 시작하다.
1567년(명종22년:26세)	봄에 정자正字로 승진되고, 예문관 검열檢閱 겸 춘추관 기사관記事官으로 임명받다.
1569년(선조2년:28세)	사헌부 감찰監察이 되어 성절사 서정관으로 명나라 연경燕京에 다녀오다. 이때 중국의 의학서

232

몇 권을 구해와 후일《침구요결》등 저술에 참고하다.

1570년(선조3년:29세)	병조좌랑兵曹佐郎 겸 홍문관 수찬修撰에 임명되다.
1571년(선조4년:30세)	스승 퇴계 이황이 세상을 떠나 그의 장례식에 다녀오다. 휴가를 얻어 고향을 들러 마을 서쪽 언덕西厓에 서당을 지으려다 터가 좁아 포기하고 서애를 자신의 아호로 삼다.
1573년(선조6년:32세)	장남 위禕가 태어나다. 부친 류중영이 세상을 떠나다.
1575년(선조8년:34세)	상복을 벗다. 홍문관 부교리副校理에 임명되었으나 사양하고 부임하지 않았으며, 이어 이조정랑吏曹正郎 에 임명되었으나 역시 사양하고 부임하지 않다.
1576년(선조9년:35세)	마을 북쪽 강언덕에 원지정사를 완공하다. 홍문관弘文館에 임명되었으나 사양하다. 사간원헌납司諫院獻納을 임명받았다가 의정부검상議政府檢詳에 전임되다. 홍문관전한弘文館典翰 임명을 사양하자 사헌부장령司憲府掌令에 임명되다.
1577년(선조10년:36세)	의정부 검상檢詳에 임명되다.

1578년(선조11년:37세)	둘째 아들 여袽가 태어나다. 화가에게 고향 하회 산수도를 부탁하다. 홍문관 응교應教에 임명되다.
1579년(선조12년:38세)	한 해 동안 여러 직책을 맡게 되다. 홍문관 직제학直提學 통정대부, 승정원 동부승지 지제교 겸 경연 참찬관, 춘추관 수찬관, 홍문관 부제학副提學.
1580년(선조13년:39세)	상주 목사牧使에 임명되다. 향교에 나가 직접 학생들을 가르치다. 아들 단이 태어나다. 목사 퇴임 시 주민들이 공덕비와 사당을 세우려 하자 못하게 하다.
1581년(선조14년:40세)	홍문관 부재학副提學에 임명되다. 왕명으로 《대학연의大學衍義》를 짓다.
1582년(선조15년:41세)	사간원 대사간大司諫-우부승지-도승지-사헌부 대사헌大司憲으로 승진을 계속하다. 아들 진袗이 태어나다. 왕명으로 《황하집》 서문을 짓다.
1583년(선조16년:42세)	홍문관 부제학에 임명되다. 6개월만에 사직하고 귀향했으나 다시 경상도 관찰사觀察使에 임명되다.
1584년(선조17년:43세)	아들 초初 태어나다. 예조판서禮曹判書 겸 춘추관사春秋館事 홍문관제학弘文館提學에 임명되다.

1585년(선조18년:44세)	맏아들 위 죽다. 정여립사건에 자신의 이름이 거론되자 스스로 탄핵상소를 올리다.
1586년(선조19년:45세)	예조판서를 사임하다. 후에 징비록을 집필한 옥연정사玉淵精舍가 완공 되다. 당시 이름은 옥연서당.
1588년(선조21년:47세)	형조판서刑曹判書 겸 예문관제학에 임명되다. 다시 홍문관 대제학大提學, 춘추관, 성균관사를 겸하다.
1589년(선조22년:48세)	사헌부 대사헌 겸 병조판서兵曹判書에, 다시 예 조판서禮曹判書 임명되다. 부인 이씨가 세상을 떠났음을 광나루에서 전해 듣다.
1590년(선조23년:49세)	황윤길 김성일을 왜국통신사로 보내다. 우의정右議政에 임명되고 이조판서吏曹判書를 겸 하다. 광국공신光國功臣과 풍원 부원군府院君 서훈을 받다.
1591년(선조24년:50세)	아들 첨襜 태어나다. 좌의정左議政에 오르고 이조판서를 겸임하다. 이순신을 전라좌수사로, 권율을 의주목사로 추 천, 임명하다.
1592년(선조25년:51세)	4월13일, 왜군의 부산 침공을 시작으로 임진왜 란이 발발하다. 좌의정으로 병조판서를 겸하고 도체찰사都體察 使에 임명되다.

의주파천에서 '어가가 한 걸음만 벗어나면 이 땅은 이미 조선이 아니다'며 반대하다.
5월2일 영의정領議政에 임명되나 당일 파직되다.

1593년(선조26년:52세)	충청, 전라, 경상 3도 도체찰사를 겸하다. 명과 연합군으로 평양에 이어 서울을 탈환하다. 영의정에 다시 임명되어 임란이 끝날 때까지 직을 수행하다.
1594년(선조27년:53세)	진관법鎭管法을 다시 쓰고 국민군國民軍 제도를 도입하다.
1595년(선조28년:54세)	한강에 둔보를 설치하고 둔전병제도를 설치하다. 경기, 황해, 평안, 함경 4도 도체찰사로 임명되다.
1596년(선조29년:55세)	군사훈련규칙을 제정, 4도에 배포하다. 이순신의 처벌에 반대, 사직상소를 올리다.
1597년(선조30년:56세)	이순신이 무고로 파면되자 10여 차례 사직상소를 올리다. 왕명으로 경기·충청 지방시찰을 다녀오다.
1598년(선조31년:57세)	이해 여러 차례 사직상소를 올리나 그때마다 윤허 받지 못하다. 10월9일, 영의정에서 체면遞免(해임)되다. 11월19일, 모든 관직에 파직당하다. 이날 새벽 이순신은 노량해전에서 전사. 12월6일, 부원군 등 삭탈관작을 당하다.

1599년(선조32년:58세)	고향에 돌아와 옥연정사에 머물며《징비록》집필을 시작하다.
1601년(선조34년:60세)	형님인 겸암 류운룡과 모친이 별세하다.
1602년(선조35년:61세)	청백리淸白吏에 뽑혀 염근청백록廉謹淸白錄에 이름이 오르다.
1604년(선조37년:63세)	징비록을 마치다. 공신 초상화 화사를 그대로 돌려 보내다.
1605년(선조38년:64세)	봉조하奉朝賀를 거절하다. 학가산 중대사中臺寺로 임시거처를 옮기다.
1606년(선조39년:65세)	서미동에 초가삼간 농환재弄丸齋를 짓다. 퇴계문집을 교정하고 의리를 강론하다.
1607년(선조40년:66세)	5월6일 세상을 떠나다. 자손들에게 유계를 남기다: '충효밖에 달리 할 일이 없는 것임을'
1614년(광해군6년)	병산서원屛山書院에 위관이 봉안되었고 그 뒤 여러 서원에 안치되었다.
1627년(인조5년)	문충공文忠公 시호가 하사되다.

* 《서애세보》, 《서애연보》, 《국역 류성룡》 시에 나와 있는 '서애연보 초록' 등을 바탕으로 발췌
   일자는 음력이며, 나이는 세는 나이(태어나면 1살)를 바탕으로 했다.

《고금의 서애 평가》, 류을하, 서애학회, 2020.

《국보132 징비록》, 하회마을보존회, 2020.

《국역 류성룡 시 I-IV(전4권)》, 류명희·안유호, 한스북스, 2011-2020.

《국역 서애집(1·2권)》(고전국역총서), 한국고전번역원, 1977.

《군문등록》, 이재호, 서애선생기념사업회, 2001.

《근폭집》, 이재호, 서애선생기념사업회, 2001.

《근현대 영국일본 역사가들이 본 징비록》, 이종각, 한스북스, 2020.

《난중일기》, 지문각, 1968.

《류성룡과 임진왜란》, 이성무외, 태학사.

《류성룡선생의 경세사상과 구국정책》, 서애선생기념사업회.

《류성룡의 말》, 강헌구, 소울메이트, 2015.

《류성룡의 학술과 경륜》, 이성무외, 태학사.

《만화 인문고전 60선 유성룡 징비록》, 김영사, 2019.

《만화 조선왕조실록 선조 편》, 박영규, 웅진주니어, 2009.

《만화 조선왕조실록 선조실록》, 박시백, 휴머니스트, 2007.

《서》, 이재호, 서애선생기념사업회, 2001.

《서애 류성룡 리더십》, 송복, 법문사, 2019.

《서애 류성룡선생 소전》, 류영하, 풍산류씨 대종회.

《서애 류성룡의 생각과 삶》, 김호종, 한국국학진흥원, 2006.

《서애 류성룡의 위대한 만남》, 송복, 지식마당, 2007.

《서애 전서(전4권)》, 유성룡·이재호외, 서애선생기념사업회, 2001.

《서애류성룡-국구의 지도력》, 서애선생기념사업회.

《서애문집》, 《서애일지》

《서애선생 문집 (한자 목판본) 1-12권》, 금림서숙.

《서애연구 제1집》, 서애기념 사업회, 1978.

《서애정신 강연집》, 서애학회, 2019.

《서애정신이란 무엇인가?》, 서애학회, 서애연구 창간호, 2020.

《설득과 통합의 리더 류성룡》, 이덕일, 역사의 아침, 2007.

《세계유산 한국 역사마을 하회》, 하회마을보존회, 2019.

《아버지의 편지》, 정민 외, 김영사, 2008.

《안동 하회마을을 찾아서》, 서수용, 민음사, 1999.

《임진란 7주갑 그리고 420년 기억》, (사)임진란정신문화선양회

《임진왜란 의병사 재조명》, 안동시, (사)임진란정신문화선양회

《잡저》, 이재호, 서애선생기념사업회, 2001.

《전통과 예술 창간호》, 한국예술문화단체총연합회 안동지부, 1986.

《조선왕조실록》

《조선은 왜 망하였나?》, 송복, 일곡문화재단, 2011.

《조선징비록(4권)》, 일본 평범사 등, 명치27년 등.

《진사록(1·2권)》, 이재호, 서애선생기념사업회, 2001.

《징비록 역사에서 길을 찾다》, 엄광용, 주니어RHK, 2015.

《징비록》, 이재호, 서애선생기념사업회, 2001.

《초기 당쟁의 전개 과정과 류성룡의 행보》, 류을하, 서애학회, 2020

《추모 서애류선생시집》, 서세 400주년 기념회.

《침구요결》, 한독의약품박물관

《풀어쓴 징비록》, 박준호, 동아시아, 2009.

《풍류회지》(25/29호), 풍산류씨 대종회.

《풍산류씨 문충공 서애 종파보》

《풍산류씨 세보(전5권)》

《하늘이 내린 재상 류성룡》, 중앙박물관, 홍천사, 2007.

《하회 풍산류씨 가례 편람》, 류시헌, 성모사, 2003.

《하회마을 사진집》, 황현만 · 이상해 · 정승모, 솔, 2007.

《하회마을 설화연구》

《하회마을의 전통문화》, 하회마을보존회.

《한국문화사》, 전일환, 자유문고, 1990.

《한국의 고지도》, 이찬, 범우사

《한의학에 미친 조선의 지식인들》, 김남일, 들녘, 2004.

《화보집 화회》, 하회마을보존회 사무실.

기타

한국고전번역원DB, 각종 포털사이트, 위키백과, 두산백과, 위키나무

* 참고문헌은 책 이름을 먼저 가나다순으로 정리하였다.